此書獻給

老萊斯利．帕羅特（Les Parrott Sr.）的

第五名孫兒兼

萊斯．帕羅特三世（Les Parrott III）的

第一個兒子——

約翰．萊斯利．帕羅特（John Leslie Parrott）

如你身為父母，請認清為人父母

是你至為重要的天職，也是有最大回報的挑戰。

你每日所做的、所說的、所行的，

都會比其他的一切更有力地塑造孩子的未來。

埃德爾曼（Marian Wright Edelman，

兒童保護基金〔Children's Defense Fund〕創辦人）

真　善　美　叢　書

讓他走，該走的路

塑造孩子未來的九種性格特質

萊斯．帕羅特三世
老萊斯利．帕羅特　著
陳翠婷 譯

▼

真善美叢書

讓他走，該走的路

塑造孩子未來的九種性格特質

The Life You Want Your Kids to Live

作者
萊斯・帕羅特三世 Les Parrott III
老萊斯利・帕羅特 Leslie Parrott Sr.

譯者
陳翠婷

責任編輯
文肖玲

裝幀設計
奇文雲海・設計顧問

■

出版／發行
基道出版社
香港沙田火炭坳背灣街26號富騰工業中心1011室
LOGOS PUBLISHERS
Unit 1011, Fo Tan Ind. Centre, 26 Au Pui Wan St., Shatin, Hong Kong
電話：(852) 2687-0331　傳真：(852) 2687-0281
網址：http://www.logos.com.hk

承印
陽光印刷製本廠

●

3/2012 初版
Cat. No. LP762
ISBN: 978-962-457-434-0

Original Edition "The Life You Want Your Kids to Live"
Published by Beacon Hill Press of Kansas City

Printed in Hong Kong

刷次	10	9	8	7	6	5	4	3
年份	2021	2020	2019	2018	2017			

目錄

黃序：孩子的鞋子使命

為人父母，你最想為孩子預備的，是甚麼？

一張亮麗的成績表？名牌大學的入場券？大半世花不完的財產？鋪排已久的人脈關係？甚或親身引薦的良師益友？

我在教育工作中，每天都看著天下家長為子女奔波。然而，我們努力去為下一代籌謀的，或許，說到底，都不是最重要的。

《讓他走，該走的路》這部書裏談的，是一些人人皆有的內在潛質：樂觀、等待、自我控制、全情投入……只是，很多人活了一輩子，都沒有循這些方向被栽培過。就像一個人一生該學的，在幼稚園已完全學會：友愛、合作、整潔、勤勞……但大部分人都是到了中年或以後，慢慢在人生的高低起跌中，才把道理領悟過來。

書中我最喜歡的，是作者所引用的「鞋子的故事」。鞋廠老闆有意在鄉間擴充業務，派了兩名先鋒去探路。一人報告說：「糟了，這裏沒有人穿鞋子。」另一人卻歡天喜地說：「快把貨都運來吧。這裏還沒有人穿鞋子呢！」

這個故事，在我看來，不光是「半杯水」的道理，而是關乎孩子有沒有勇氣和信心，去開創先河。面對陌生的局面，我們會選擇做「第一個」，抑或是「人云亦云」那個。

在中國人的社會，父母都希望子女聽教聽話，卻總是忘記了，孩子活於不一樣的年代，因此也必須用不同的方式，去回應社會，建立自己的方向。透過這部翻譯作品，家長若能培養孩子，帶著當中的九種特質上路，實在功德無量。

就讓孩子穿上自己的鞋子，走一條專屬自己的路吧。

黃明樂

專欄作家，教育工作者

如何使用本書

這本書是為各種不同的用途而設計的。你可以獨自看完此書，根據每章最末的研習問題摘下筆記，再加上任何你想到的想法、經文、例子、禱文。

這本書也是很適合父母一起研習的工具——不論你是新手還是經驗豐富的父母。你們可以一起閱讀書中的章節，討論當中的概念，一同想想你們可以怎樣把這些信息應用在你們家中，並切合你們子女的個別需要。通過研習問題去了解你們撫育子女的態度，在哪些時候你們用同樣的思維模式去解決問題，在哪些時候你們會有不同的想法。

這本書也可以給研習小組、父母學習班、主日學使用。你們可能會事先指定研讀一些章節，研習開始時就可以一起討論——用每章最末的研習問題協助討論。或者，有些章節可能不太長，研習時可以讓班上、小組裏的成員每人朗讀一小段。藉此，你們可以互相支持、為彼此祈禱、幫助彼此去經歷為人父母的喜悅和挑戰。

無論你怎樣使用本書，我們都希望這本書能夠幫助你教育子女，讓你的子女能走他們該走的路，活出的美好人生。

作者簡介

萊斯·帕羅特三世博士（Dr. Les Parrott III；編按，簡稱萊斯三世〔Les III〕）是西雅圖太平洋大學（Seattle Pacific University）關係發展中心（Center for Relationship Development）的創辦人兼主管（另一位主管是他的太太萊斯莉·帕羅特博士〔Dr. Leslie Parrott〕）。關係發展中心突破學術框框，致力於教導人們維持良好婚姻關係的基本功。萊斯三世是西雅圖太平洋大學的心理學教授，也是美國好幾本暢銷書的作者，包括：《婚前抗逆祕笈》（*Saving Your Marriage Before it Starts*）、《情牽夫婦心》（*Becoming Soul Mates*）、《婚姻抗逆祕笈》（*When Bad Things Hppen to Good Marriages*）。他在《今日美國》（*USA Today*）、《紐約時報》（*New York Times*）等報章撰寫專題文章，亦有在《有線新聞網絡》（*CNN*）、《早安美國》（*Good Morning America*）、《奧花雲費騷》（*Oprah*）等電視節目中亮相。他的網站www.realrelationships.com內有更多可供瀏覽的資訊及資料。

老萊斯利·帕羅特博士（Dr. Leslie Parrott Sr.）是鳳凰城（Phoenix）拿撒勒教會畢爾特摩堂（Biltmore Church of the Nazarene）的駐堂牧師，他擔任東拿撒勒學院（Eastern Nazarene

College〔ENC〕）校長及奧利弗拿撒勒大學（Olivet Nazarene University〔ONU〕）校長達二十二年。老帕羅特博士主要在密歇根州芬林市（Flint, Michigan）、俄勒岡州波特蘭市（Portland, Oregon）、華盛頓州皮阿拉普市（Puyallup, Washington）擔任牧職，也是喬治福克斯學院（George Fox College）的心理學系主任。老帕羅特博士一共寫了二十四本書。他早年畢業於奧利弗拿撒勒學院（Olivet Nazarene College，現名奧利弗拿撒勒大學），及後於威拉姆特大學（Willamette University）取得文學碩士學位，於密歇根州州立大學（Michigan State University）取得博士學位。

引言

「當你還是個年輕父親的時候，」我在西雅圖（Seattle）市中心區與爸爸午膳時問起他：「你有沒有想過，你希望你的子女擁有怎樣的特質？」

他想了一回會兒，說：「當然有的——我心目中有好些想法。」

我說：「譬如呢？」

「譬如說，你媽媽和我都盡力地確保，你們每一個都成長於一個能夠找到自己與上帝的關係的家。」

「哎，這是必然的，」我：「你是牧師來的！」

「嗯，這是事實。」他坦言：「不過除此之外，還有別的東西。」

「那是甚麼？」

爸爸放下餐叉，呷了一口咖啡，問：「你這是認真問的，對吧？」

我咬了一口三文治，同時點了點頭。

「讓我想想。」他開始了。

那一回思考的時間比我預期的還要長得多。爸爸開始告訴我，他和母親嘗試傳授給我們的一些性格特質。我向侍應借來了筆，開始寫下筆記。這種習慣，我是學承自——爸爸的。另外，身為心理學家，我認為這些資料會讓我瞥見以前教授們所說的「跨代繼承」（transgenerational inheritance）——這心理學術語，是形容你從父母處學來的生命教導。

最後爸爸和我去了附近一間酒店的大堂繼續這個話題。在那裏我開始明白到，我稱呼為「爸爸」的人內心深處的想法。在那裏我第一次知道，他嘗試給我和兩個哥哥銘刻甚麼內在的性格特質。同時，在那裏我決定了我會刻意給自己孩子傳授哪些性格特質。

當時，我和我太太「產下」了兩個博士學位，但沒有小孩。不過一年後，我們的兒子約翰出生了。兒子出生後一年，我回顧那花了一整天與爸爸談話的筆記。恰好那時堪薩斯城（Kansas City）的貝肯山出版社（Beacon Hill Press）來電，問我有沒有想過與爸爸合著一本書。我把這事視作一個提醒，並打電話給爸爸。我們父子兩人開始整理那次的談話筆記，策劃你現在手上拿著的這本書。

書內的一些文章，是我們所寫過的文章之中最涉及自身的。我自己大約寫了十二本書，爸爸寫了超過二十本，但我們兩人皆未曾在這些書中深入探討過自己最為珍視的性格特質。

你會在書中找到建構美好生命的九種特質。我父母曾嘗試把這九種特質傳授給我，我和我太太也同樣會嘗試把這九種特質傳授給我們的孩子。我們提出這九種特質，不是說每對父母都需要認定這是張必然的清單，而是說經過多次的自我檢視及探討，我們相信這些特質是我們祖先歷久不衰的遺產，並能夠令孩子們走少些冤枉路。我們相信這些特質一代接一代地造就人的生命擁有成功、精神健康及情緒健康。

萊斯．帕羅特三世

讓我澄清一些事：我們家族中有很多人叫**萊斯利**（Leslie）這個名字。我父親名叫帕羅特（A. L. Parrott），名字裏的"L."正是**萊斯利**（Leslie）的縮寫。我的大兒子名叫理察．**萊斯利**（Richard Leslie），他有一個兒子名叫安德魯．**萊斯利**（Andrew Leslie）。

我們第三個兒子（譯按：即本書的另一位作者萊斯三世〔Les III〕）兩歲時，我們把他的名字改為**萊斯利**（Leslie）以延續我們的家族傳統（"Les III"是 Leslie III 本名的簡稱）。他長大後跟一個年輕漂亮，名叫**萊斯莉**（Leslie）的女子成婚。而他倆的兒子出生後，他倆給兒子取名叫約翰．**萊斯利**（John Leslie）。

我們除了名字都叫**萊斯利**（Leslie）外，也都擁有博士學位，包括好幾個哲學博士、教育博士、牙科博士、醫學博士，及一位文學博士，跟我合著這本書的萊斯三世，是其中一個與我擁有同名同學位的人。

我清楚記得那天在西雅圖市中心區午膳時，萊斯三世問起我跟我太太李（Lore Lee）致力讓孩子們承繼的性格特質。那一次我倆都談得興致勃勃，談了很久，實在很難忘。我告訴他，我跟他母親撫育他和他兩個哥哥的時候，希望他們能夠愛教會和教會的領導。因此，我向他解說，即使與那麼多教會領袖出外晚膳比邀請他們到我們家晚膳容易得多，但我們還是邀請他們到家裏來。我告訴他，在他們成長期間，我們在牧師宿舍舉行教會的理事會議也是為此。我還記得兒子們拉著紅色手拉車走遍整個會議房間，為理事們奉上茶點。

我讓萊斯想起他們幾兄弟曾向理事會提出自己的建議：在牧師宿舍的車房門口安裝一個籃球架。理事會討論過後全體一致通過這項建議。

我告訴萊斯我們重視在晚餐桌上的家庭會議。我們雖然未至於每晚都全家一起用膳，但我們逢星期一晚都必定是以家庭聚會優先——亞麻布造的白色桌布與我們最好的餐具都完全為此準備好。不論我們有否請來客人相伴，兒子們都把這一頓稱作「相伴晚餐」。我們會在晚餐中討論重要的家庭事項，以及任何我們需要談論的事情——包括能夠幫助孩子們活出美滿人生的性格特質，我們希望他們擁有美滿人生。

那天在西雅圖市，我和萊斯談論著我和他母親嘗試如遺產般，留給我們孩子的一些重要的內在特質。接著我們開始討論我和李嘗試協助兒子們尋找的學業和事業目標——以求他們對自己獨有的性格及個人興趣有好的觸覺。

萊斯讓我想起有一次我由芝加哥（Chicago）專程飛往洛杉

磯（Los Angeles），在洛杉磯只逗留了一天，以幫助他處理博士論文計劃書時遇到的問題。最後，他由緊張不安變為在便條簿上記下一疊筆記——他讓這些筆記變成了一份成功得到福樂神學院（Fuller Theological Seminary）博士論文委員會通過的論文計劃書。

我和萊斯三世身在西雅圖的那個下午，在我們放下那個話題之前，當時連我自己也不知道，我們家族流傳下來的美好特質已經誕生了——也是這本書的概念。其後，萊斯打電話給我，我才開始意識到我們所談的東西可能可以幫助別的父母，特別是那些初為人父母的。這些父母擁有塑造年輕生命的最大潛力。

很大程度上，父母親給孩子的，除了孩子的名字外，還授予孩子性格特質和指引孩子成長路徑的人生教訓。這本書的目錄反映了我們列出的性格特質和人生教訓。這些性格特質和人生教訓，我覺得是我父母親留下作為家族遺產的價值觀和美德，也就是我們——萊斯利與李·帕羅特夫婦嘗試傳授給我們三個兒子和他們孩子的特質。

在你們閱讀書中章節的同時，你們可添加、刪減要傳授給孩子的特質清單，使清單更能切合你們個別需要，我希望我們的特質清單至少有些部分可以納入那份完全屬於你的清單中。

老萊斯利·帕羅特

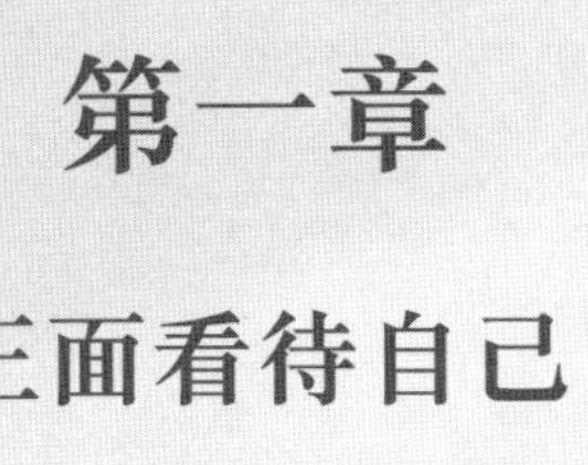

第一章

正面看待自己

正面看待自己

如果我不為自己而活，誰會為我而活？
但如果我只為自己而活，我是甚麼？
希勒爾（Hillel）

一個悶熱的八月下午，我（老萊斯利）正身處美國俄亥俄州哥倫布市（Columbus, Ohio），一位在俄亥俄州州立大學醫學中心（Ohio State University Medical Center）工作的醫生朋友硬塞了一本看起來很普通的平裝書給我。

他堅持說：「你一定會喜歡看的，但你要還給我。」

我還在用拇指快速翻動那本書的時候，他已經走了。於是，三十多年前的那一個下午，我開始閱讀米爾德（Hugh Missildine）所著的《探索內心的昔日幼童》（*Your Inner Child of the Past*），而那一個下午就決定了我要做一個怎樣的父親。我坐在哥倫布市公園內的一張長椅上閱讀此書，了解到我對我孩子的生命的影響力有多強大。

米爾德博士是當時俄亥俄州州立大學精神病學院（School of Psychiatry at Ohio State University）的院長，他發現傳統的佛洛伊德式（Freudian）療法對於精神病人 —— 尤其對於他在市中心區診所治療的少年男女病人來說，既昂貴又進展緩慢。他花了多年時間去尋找更有效率、更可靠、更簡單的治療方法治療兒童病人。在這本書裏，他的研究成果使我眼界大開，了解到關於兒童最具影響力及最基本的事實 —— 一個今天我們通常認為是理所當然的事實。

米爾德博士在書中闡述，每個孩子出生時的腦袋都像擁有一卷未曝光的膠卷般，有待發展。孩子成長的時候，各種好的、不好的經歷都會結集成為影像投射在膠卷上，這個影像最終會成為孩子的自我形象。當孩子腦袋裏的膠卷影像完全成形的時候，孩子的腦袋就會說：「我就是這種人了。」

好比大量的小墨點最終都會在一張白紙上形成照片影像一樣，每個孩子的個性都是由無數的思想、感覺、經驗累積而逐漸形成。

接納自己的內在價值是人格的核心。

如果否定自己，人的一切都會動搖。

杜布森（James Dobson）

孩子與父母相處的經驗，當然是孩子自我發展過程中最重要的一環。親子關係的每一點每一滴都會成為影像的一部分：

孩子如何被擁抱或不被擁抱；如何得到鼓勵或者不被鼓勵；母親臉上掛著微笑還是板著臉；父親有沒有來學校看孩子的演出，這一切都會塑造孩子的個性。對於孩子的個人形象塑造來說，這些事沒有一項是微不足道的。孩子根據這一切去判斷：**我聰明。我愚笨。我經常成功。我經常失敗。我反應敏捷。我反應遲鈍。我很美。我很醜。**

直到孩子上了高中後，自我形象就已經變得完整，並且漸漸成為有可能持續一生的價值取向。到他們成年時，他們的「昔日幼童」就會成為他們的指南針，引導他們走向自我形象決定了的方向。

即使這個自我形象可能有錯誤或者失真也不重要，它還是會指導我們最重要的決定。它仍然會指引我們的每一步。正因為這樣，當我們細想我們希望孩子們能夠過怎樣的人生時，我們必須要確保他們懂得正面看待自己。

「正面看待自己」是甚麼意思

米爾德博士沒有料到他所寫的書會帶來這麼大的社會震動。這本書出版後，傳統養育和教導孩子的觀點受到根本動搖。一場全國性的運動以一個非常重要的目的展開：提高孩子的自尊。但這項運動本身就已經不大靈光了。

「自尊」，更準確來說，是「缺乏自尊」很快就跟所有的兒童問題掛了鈎。「缺乏自尊」也被人視為幾乎是所有青少年社會問題的元兇。因為這場運動，社會上所有的青少年問題，小至成績差，大至少年犯罪都被歸咎於自尊心低落。國內四面八方的老師、議員、家長都在高聲讚美這場革新運動。

麻省足球協會（Massachusetts Soccer Association）以提升小朋友的自尊心到最高為目標。十歲以下組別的足球聯賽全部都沒有輸贏之分，所有參賽球隊的小朋友都會得到獎杯，因而沒有小朋友嘗試過「被打敗的痛苦」。

同樣地，也沒有小朋友嘗試過真正因勝利而贏得獎杯的滋味。

同樣的態度也在教室裏反映了出來，老師傾向不管孩子是否有足夠的能力都讓他們升讀下一年級。總之，他們的理由是讓孩子留級可能會傷害他們的弱小心靈。

最為瘋狂的是，在密蘇里州哥倫比亞市（Columbia, Missouri）有老師每天都會挑選一個孩子，讓他站在一張桌子上，著其他孩子向他鼓掌喝采。假設這樣做能令那個孩子在那一刻有美好的感覺。不出所料，學術研究也不認為任何虛假的鼓掌歡呼或其他膚淺、表面的教學方法，可以為孩子帶來任何長遠的正面影響。儘管老師、教練、輔導員（顧問）及家長的原意是為了孩子好，他們都忽略了這一點。

我們不能夠集體製造正面的自我形象。正面的自我形象不能像派發獎杯獎狀那樣派發給一羣孩子。孩子正面看待自己的能力是需要時間培養，讓它們深深植根於孩子小小的心靈深處。這種性格特質需要全心全意培育孩子的父母，小心翼翼地培養孩子，使他們成長為懂得自尊自重的男人、女人。

你們的子女是錄影磁帶，一直
持續滾動和記錄信息。你希望那卷
磁帶上記錄誰的信息呢？你們的還是別人的？

休利特（Tim Hulett）

我們不應把正面看待自己與傲慢或自大混為一談。其實正面看待自己的態度正正跟傲慢相反。傲慢是基於自我懷疑，而謙卑則是基於自我肯定。一個懂得正面看待自己的人，能接納自己的優點和缺點，而一個充滿驕傲的人只會否認自己所犯的錯。

習慣正面看待自己的人，他的謙卑不是虛假的。虛假的謙卑建基於自貶及拒絕承認自己的優點。正面看待自己的人以確切的自我評價及健康的觀點，欣然擁抱著謙卑的心。他們可以坦然接受所有正面和負面的評語。

正面看待自己的習慣是由童年時代開始形成，而且通常會維持終身不變。另一方面，根深柢固的負面自我形象是很難連根拔起的。因此每一個致力於兒童、年輕人生命的人，都必定要思考如何逐步培養他們正面看待自己的實際方法。

但在此之前，我們先探究一下為甚麼當我們談到希望孩子所過的人生時，正面看待自己的特質會這麼重要。

為甚麼「正面看待自己」是重要的

沒有學會正面看待自己的小孩子長大成人後，仍然會感到自卑。自卑感可以引致不少嚴重的問題，例如抑鬱症、濫藥、焦慮症、強迫性暴飲暴食、失敗的戀愛關係等等。自卑的人通常很少會有成功的渴望，他們會容易變得心煩意亂、羞怯、容易退縮、拘謹、焦慮，或變成討人厭的人。任何一個關心孩子幸福的人都不會為所愛的孩子選擇這樣的一條成長道路。

僅僅是為了這個原因，教導孩子正面的看待自己就已很重要。但是我們有聖經教我們如何幫助孩子走他們當走的道路。而聖經裏也給予了很多實在的例子。

幫助孩子建立自尊
是每個父母能夠送給孩子的
最重要的禮物。
布雷爾頓（T. Berry Brazelton）

例如在舊約裏，約瑟少年時向他的哥哥們誇耀他的夢，在夢裏他的哥哥們最終會跪拜他，向他鞠躬。約瑟的自大加上哥哥們的嫉妒，約瑟的哥哥們最後把他賣為奴隸（創三十七章）。

被哥哥們背叛後，約瑟在遠離家鄉迦南很遠的埃及做了十三年奴隸，又因為受人誣告而下了牢獄。在他三十歲的時候，上帝所賜的豐收與饑荒的夢使他獲委任為權傾埃及的其中一人。約瑟的哥哥們專程到埃及尋找食物的時候重遇約瑟，而他們又真的向約瑟鞠了躬——那時已經是他們把約瑟賣到埃及以後的四十年了。

約瑟把他家族的人都接到自己家裏，讓他們度過了那段艱難的時期及以後的日子。雅各到埃及與兒子們同住十七年後便去世了。約瑟的哥哥們確信，沒有父親為他們求情，約瑟最終會為他們多年前虧待過他而展開報復。

不過，約瑟卻說：「『從前你們的意思是要害我，但上帝的意思原是好的……你們不要害怕，我必養活你們和你們的婦人孩子。』於是約瑟用親愛的話安慰他們。」（創五十 20～21）

一個不能正面看待自己的人永不可能做到這樣。這表明了這項性格特質為何如此重要。自我尊重的人才會懂得仁慈待人。

新約也向我們展示保羅有同樣的特質。保羅在腓立比受到非人虐待，忍受著司法不公，面對著受過鞭打的痛苦記憶及身上受寄生蟲感染的傷口。在這種景況下，他還是寫了信給他的摯友兼曾經追隨他的門生提摩太，提醒提摩太要正面看待自己：「你當竭力在上帝面前得蒙喜悅，作無愧的工人，按著正意分解真理的道。」（提後二 15）

聖經常常提到我們是上帝的「兒女」（約壹五 1～2）。上帝不希望祂的兒女覺得自己差勁。上帝愛世人（約三 16），祂的兒女是「不定罪」（"no condemnation"；羅八 1～2）的。「不定罪」的底線是甚麼？身為基督徒，我們正面看待自己的理由很充分。我們有價值，是因為上帝創造我們，因為耶穌為了我們的罪而死。

如何培養孩子的自我價值

如果你能夠把世界各地的兒童發展專家都聚集在一起，問他們如何培育孩子擁有健康的自我價值，你就會被無數的建議及育兒技巧轟炸。有無限種能提升一點兒自尊心的方式，但以下是幾種非常有效的方法。

你可能會覺得某些論點比其他論點有用，但只要你根據子女的個別情況考慮，這裏的所有論點都能融入了你子女的個別情況。不論你是老師、律師、教練、牧師還是家長，又或者你是任何涉及年輕人生命的人，按著我們所提供的論點，再加上禱告，必定可以助你幫助孩子陶造內在，陶造他們足以持續一生的正面的自我形象。

自尊心

是我們自行獲得的好名聲。

布蘭登（Nathaniel Branden）

強調上帝的愛。萊斯莉和我（萊斯三世）不久前踏上了俄勒岡州波特蘭市（Portland, Oregon）的玫瑰園球場（Rose Garden Arena）的講台，當時那裏正舉行著一個大型的婚姻研討會，現場有接近一萬五千人。當晚有六位講者會簡介他們將會主持的工作坊內容。在萊斯莉和我之前的講者，是我們的朋友斯莫利博士（Dr. Gary Smalley），當時他手上拿著一張乾淨的五十美元鈔票，吸引著觀眾席的眾人，他問：「有誰想拿這張五十美元？」

我們看見到處都有人在揮手。接著斯莫利就說：「我會把這張五十元交給你們其中一位，不過請先讓我這樣做。」他把紙幣弄皺，又問：「誰還想要呢？」半空中仍然滿是眾人舉起的手。

「好吧，若然我這樣做呢？」斯莫利把紙幣丟在地上，用鞋底磨擦紙幣，然後把受過蹂躪的紙幣撿起，再問：「誰還想要這張五十美元？」半空中仍然滿是眾人舉起的手。

斯莫利說：「你們剛剛都上了寶貴的一課。無論我對這張紙幣做了甚麼，你們仍然希望得到它，因為它的面值依然是五十美元。人生中很多時候我們都會因為自己所做的決定或身處的景況，而感到自己像是被狠狠丟棄、被弄成一團的皺廢紙，像剛剛從泥地爬起來般滿身骯髒，因而感到自己一文不值。但無論過去發生過甚麼，又或是將來會發生甚麼，你在上帝眼中的價值都不會減低。骯髒或是整潔，遇上重大打擊或是小小挫折，你在上帝眼中仍然是無價的。」

每個學習正面看待自己的孩子，最後都會聞說波特蘭市眾人所學習過的這一課。上帝的愛並不是看我們的外表或我們做了甚麼。每個明白到這個聖經真理的孩子，都能在尋找自我價值的遊戲中比別人先行起步。為甚麼？因為上帝的愛是正面看待自己的堅實基礎。我們了解到自己是上帝的創造的時候，就能夠看自己為上帝所愛的對象。

尊嚴是不能轉讓他人的。

尊嚴是家族名譽。

格雷戈理安（Vartan Gregorian）

重視孩子的存在。我（老萊斯利）一直都努力在我的兒子身上實踐這個重要的理念。身為牧師，後來又成為了大學校長，我的生活時時都很忙碌。我可以歸咎繁重的工作令我沒有足夠時間陪伴我的三個兒子，但我決心不能這樣做。雖然我經常無法抽足夠時間陪伴兒子，但每個兒子都告訴我，我們每次在一起的親子時間都對他們建立正面的自我形象起了重要的作用。我們重視孩子的存在的話，孩子對此的解讀是可以預見的：爸爸覺得和我在一起比出席他的會議還要重要，那麼我一定是個很有價值的人。

我們家有一個朋友，他發覺他陪伴兩個年幼女兒的時間比他自己期望的來得少，於是他向兩個女兒致歉，又說：「你們知道吧，我們在一起的時間，**質素**比起**數量**更重要。」

兩個分別六歲及四歲的小女孩不大明白父親在說些甚麼，於是那個父親就解釋道：「數量是指多少時間，質素則是指我們在一起的時間有多美好。你們比較想要哪一個？」

六歲的女兒答道：「**高質素**的時間——我想要很多很多！」

每個孩子都會有同樣的感覺。人們時常過分吹噓高質素的親子時間。有更多時間與父母在一起的孩子，自我感覺會比較良好。這對幼兒和少年人來說都是事實。當少年人遇上難題的時候，他們會希望有煩惱的時候可立即向人傾訴，而不是一直忍耐到父母遲遲於晚上六時回家時才訴說。我們撥出來陪伴孩子的時間，給他們一個強烈的信息：他們很有價值，他們的存在對父母來說是重要的。如果你想增加孩子正面看待自己的比率，你就得從你那排得密密麻麻的行程表之內騰出空檔，讓它們成為你單單陪伴孩子的常規時間。

揚長避短。畫家韋斯特（Benjamin West）說過他小時是如何喜愛成為畫家的。那時候每當他的母親出門，他就會拿出油彩試著畫畫。有一天他又拿出油彩，可是把周圍都弄髒了，他希望能夠趕在母親回家前把周圍清潔好。可是母親回家後卻還是發現他試圖清潔弄髒了的地方，韋斯特說母親的反應完全是他意料之外，母親拾起他畫的畫，讚道：「嗯——你畫妹妹的這幅畫真漂亮！」又親吻了他的臉頰一下才走開。韋斯特說，因為那一吻，他成為了畫家。

好一個強烈的信息！好一個富有洞察力的母親！她明白到揚長避短的美德。她要去指責兒子把周圍弄髒是多麼容易的事！但是她卻沒有選擇指責，反而是去讚賞兒子做得好的事情。如此簡單的行動就能令兒子能夠正面看待自己，建立自我形象並因而發現到他的使命。這就是揚長避短的力量了。

我們身為父母的，每天也會出錯。我們會做出一些言行，事後卻為此而後悔。可惜的是，人生在世總會如此。這時候我們最不希望的就是某人隨後對我們說：「看你把事情弄成這樣子！」

相反，這時候我們需要的是鼓勵。連我們大人也會渴望和需要在失敗的時候得到支持和愛護，試想想小孩子在這種情況下會有多渴求支持和愛護。

尋找孩子的本領。如果你要不斷地幫助孩子學懂正面看待自己，你一定要明白自尊心與基本的本領之間的關係。只有自尊心是不足夠的。我們誤以為幫助孩子「感覺良好」就能夠鼓勵他們獲得美好的成就。可是這只是得出可持續成功的方程式的一半。

另一半同等重要的是**有好的表現**。如果孩子並沒有做任何值得讚揚的事情，而家長、老師、教練又只管熱烈讚賞孩子，這樣的讚賞不會對孩子有任何幫助。沒有先學習把事情做好，孩子是不可能對自己感覺良好的。長遠來說，只有透過學習經歷，真正懂得自己處理日常生活要做的事情的孩子才會擁有真正的自信。

「本領並非源自自尊。」喬治梅森大學（George Mason University）學者福特（Martin Ford）說：「更準確地說，是本領帶來自尊。」

所以我們身為父母的要去探究一下孩子擅長甚麼，並且幫助他們學會掌握不同的事物。找出孩子做得好的事情，並為此稱讚他們。或許他們擅長以積木砌出高的大樓，或許他們擁有絕佳的方向感，或許他們在平衡木上能平衡得很好，或許他們懂得閱讀深奧的文字，或許他們可以很快就解開了一個謎語。事無大小，只要是他們做得好的事情，都可能成為幫助他們正面看待自己的契機。

因此，不要把馬車置於馬匹前。對孩子真正做得好的事情鼓掌稱讚。留意他們做到、自行學會了做的那些對他們來說有挑戰性的事情——不論是自行脫去襪子、餵貓、自行熨好第二天早上要穿的襯衣。你們愈讚賞他們實際做到的成績，你們的孩子就愈能夠實在地對自己「感覺良好」。

小組研習討論問題

- 你是否同意「正面看待自己」是要傳授給孩子的重要性格特質？為甚麼同意／不同意？

- 你已經嘗試用甚麼方法幫助你的孩子描畫出正面的自我形象？你發覺甚麼樣的具體表達方法或行動能夠一直幫助孩子建立自我的價值觀？

- 你回想起「你內心的昔日幼童」的時候，觸動起你內心的甚麼情感？你的童年經歷如何影響你幫助孩子學習正面看待自己？

- 你怎樣察覺到自己在上帝眼中的價值？你可以怎樣幫助孩子發現他們在上帝眼中的價值？

- 在這章的理念裏，至少找一項，是你在未來幾天會嘗試實踐的。

- 假如你的孩子到了或過了學習步行的年紀，請大概列出這個星期內你可以稱讚他的事。

第二章

改變自己去適應你控制不了的事物

改變自己去適應你控制不了的事物

你要接受發生在你身上的任何事，

重要的只是，你要鼓起勇氣以及盡你所能去面對。

羅斯福（Eleanor Roosevelt）

一八三〇年代初，一隊康內斯托加式輪篷（Conestoga wagons）車隊由美國弗吉尼亞州（Virginia）通過坎伯蘭岬口（Cumberland Gap）進入肯塔基州（Kentucky），又沿著坎伯蘭高原（Cumberland Plateau）向南進入田納西州（Tennessee）。車隊計劃在蒙特雷（Monterey）向西前往納什維爾（Nashville），再從納什維爾向西前往德克薩斯州（Texas）。

車隊之中，有一個年輕寡婦帶著幾個小孩，駕著其中一輛輪篷車。丈夫身故後，她身在東德克薩斯州的兄弟傳來口信，說只要她把小孩們帶到德克薩斯州，他就會幫助她帶大孩子。

車隊在田納西州蒙特雷正北方的一個山谷中停留了一晚，山谷距離肯塔基州邊境只有幾英里。一個親切的農夫讓寡婦和孩子們在他倉房裏的草棚內留宿一晚。不料，第二天早上，其中一個小男孩患上了麻疹。

車隊隊長盡其職責告訴孩子的母親，她有兩個選擇：她可以留下陪伴孩子，又或者把孩子留下。但車長鄭重告訴她，生病的孩子不可以跟隨車隊離開，不然他必定會傳染車隊裏的其他人。寡婦明白到如果她留下，很可能等上多月也不會遇上另一隊車隊經過。苦苦思索良久，寡婦決定讓小男孩留下來跟著農夫，並許下諾言，待其他小孩在德克薩斯州安頓好後，她會回來接小男孩的。可是她再也沒有回來。有人猜測她去世了，也有人認為她是沒有辦法回到田納西州。我們大概永遠無法得知這位母親沒有回來接自己兒子的原因。

那個小男孩正是我（老萊斯利）的曾祖父，他給我們家族留下了極為寶貴的遺產。

如果你不喜歡某些事物，就去改變它。

如果你無法改變它，就得適應它。

安傑洛（Maya Angelou）

我的曾祖父在南北戰爭期間參與南軍。作戰期間，他因被子彈打中而失去了一條腿。南軍讓他在墨菲波羅市（Murfreesboro）退役後，他得撐著一對柺杖，蹣跚地走至少六十五英里的路程回家。那是多麼曲折漫長的歸途！

當時曾祖父的家書，加上我四處搜集得來的資料，都透露了曾祖父是個虔誠的、愛家庭的人——他尤其疼愛他的兩個兒子，其中一個是我的祖父。我閱讀過曾祖父身處軍人醫院時所寫的其中一封信，當時軍醫沒有給他麻醉就切除了他的一條腿，但他這封寫給太太的家書卻是積極樂觀的，他請他太太給兒子們一個擁抱，告訴他們父親正在回家。現在這封信保存在田納西州州立圖書館檔案室（State Library Archives of Tennessee）。曾祖父於回家三年後去世。

曾祖父詹姆士．帕羅特（James Parrott）留下來的遺產一直在我們家族中一代接一代地傳承。這份遺產完全與金錢無關，卻完全與態度有關。家族中人稱呼他為「詹」（Jim）。詹明白到去適應那些控制不了的事物的重要，並且盡力把這一套價值觀傳授給他兩個兒子。畢竟，兩個兒子都眼見他身體力行地以他自己提倡的態度生活。詹有足夠的理由去抱怨、埋怨他人，因為他在沒有父母的環境下成長。他也可以因戰爭對他生命造成的惡果而發牢騷。

然而曾祖父越過了這些挑戰。他為人熟悉的性格特質是他能屈能伸的態度足以使他適應力強，從而緩和他所遇到的重大挫折。我父親從祖父身上學會了這種性格特質，我又從父親身上學會了這種性格特質。這種性格特質是我長久以來所珍視的，我也盡力把這種性格特質傳授給我三個兒子。

人類的終極自由是選擇自己的態度。

弗蘭克（Viktor Frankl）

我們鼓勵你們也把這種性格特質——改變自己去適應你控制不了的事物的能力——傳授給你們的子女。這是必須的，也許這是幫助孩子經歷我們希望他們能夠擁有的美好人生的其中一項要素。

「改變自己去適應你控制不了的事物」是甚麼意思

「我活得愈久，就愈認識到態度對人生的影響。」司韞道（Chuck Swindoll）牧師在他一九八一年出版的《僕人領袖》（*Improving Your Serve*）一書中這樣寫道：「態度對於我來說比事實更為重要。態度比過去，比學歷，比金錢，比環境，比失敗，比成功，比別人怎麼說、怎麼想、怎麼做都來得重要。態度亦比外表、天賦、技能更重要。」

司韞道補充，人生最值得注意的事實是我們可以選擇每一天生活的態度，適應控制不了的事物是指為自己的態度負全責的能力，以及不管在任何景況之下都懂得快樂。

態度可以建立，也可以毀掉一個人的生命，而正面的態度就是取決於一個人改變自己去適應控制不了的事物的能力。不論是處於優勢還是劣勢，都可以把情況改善。如果我們可以適應控制不了的事物，我們就可以改變自己對眼前的景況的看法，以正面的態度而非負面的態度去看整件事。這種特質使我們能夠釋除他人的疑慮，又能使我們放下指責、怨恨和忿怒。

障礙與機會的分別在於甚麼？在於我們的態度。

每個機會裏都有困難，每個困難裏都有機會。

巴克斯特（J. Sidlow Baxter）

每年有成千上萬的人因為屈服於負面的思維習慣而被奪去了快樂，他們把這歸咎於使他們不快樂的人和事。大人和小孩都會說：「他令我很憤怒。」別人可能會說一些話、做一些事去誘使我們產生負面的反應和情緒，但我們可以選擇更好的應付方式。發生了我們不喜歡的事情，覺得不開心是自然的情緒，但這種情緒卻可以觸發我們轉而選擇更積極、正面的情感。可能這就是使徒保羅在寫腓立比書四章8節時的意思：「凡是真實的、可敬的、公義的、清潔的、可愛的、有美名的，若有甚麼德行，若有甚麼稱讚，這些事你們都要思念。」改變自己去適應控制不了的事物的能力使人能夠認清：掌控我們的態度的，是我們自己而不是我們身處的環境。

為甚麼「改變自己去適應你控制不了的事物」是重要的

有些人過著容光煥發、快樂、工作效率高的生活，而其他跟這些人上同一間教會、聽同樣的講道、唱同樣的詩歌的人，生活卻滿是困惑、挫敗和憂慮。毫無意外地，總有些人確實懂得去接納人生的巨變、世上不公平的事，並且克服那些看起來難以承受的生活壓力，而且總是過得快樂。

這種差異並不是因為個人運氣，也不是因為解決難題的能力——雖然這兩項與態度同樣重要。態度不同就是一些人大部分的日子都過得好，而其他人的日子卻過得勉勉強強的原因。

我確信人生的百分之十是發生在我身上的事情，

另外那百分之九十是我對於這些事情有甚麼反應。

司轀道（Chuck Swindoll）

有一次，有一隻老狗掉進了農夫的井裏。農夫評估情況後，雖然他很同情老狗，但他認為老狗並不值得救，那口井也不值得保留。於是農夫決定把老狗埋在井下，好讓牠脱離被困的痛苦。

農夫剛開始用剷把泥土倒進井裏的時候，老狗歇斯底里地絕望了。但當農夫繼續把泥土傾倒在牠背上的時候，老狗就開始把身上的泥土抖開，又用腳踏著那些泥土。無論倒在老狗身上的泥土使牠有多痛苦，又或者當時的情況有多傷痛，老狗都忘掉了害怕，只管不斷把身上的泥土抖開並用腳踏著那些泥土。過了沒多久，在老狗筋疲力盡之前，牠就已經成功越過那口井的圍牆離開了。為甚麼看似要埋葬牠的時候，實際上卻對牠有好處，甚至是救了牠——這是因為老狗掌管了牠的困境。

如果我們勇於正面地面對及回應難題，拒絕驚慌、傷心或自憐；如果我們培養改變自己去適應控制不了的事物的能力，本來要吞沒我們的困境，就會成為對我們的祝福。

如何培養孩子這方面的能力

我至今仍未找到一本暢銷的育兒書籍裏有一章是關於如何培養孩子的能力，去改變自己去適應控制不了的事物。這可能是因為人們假設這種能力在人日漸成熟時就會自然而然形成的。或是認為這種能力是年幼的孩子難以領會的。

你是惟一令自己遠離良好感覺的人。

克理斯托爾（Sheila Krystal）

但是，小孩子永遠不會因為年紀小而不能學習適應能力，以及如何應付生命中突如其來的變化。我們理所當然地對小孩子的情緒給予足夠的寬容的同時，可以靜靜地使用以下的建議，去培養孩子這方面的能力。

以事例去激勵他們。我（萊斯三世）永遠都無法忘記爸爸說過弗蘭克（Viktor Frankl）在二次世界大戰的納粹集中營內存活過來的故事。受到希特拉（Adolf Hitler）難以言喻的非人對待，被囚禁在骯髒的環境裏，弗蘭克還是積極地生活，直至獲得釋放。我至今仍然牢牢記著他在一九八四年出版的《活出意義來》（*Man's Search for Meaning*）一書裏寫的一段話：「我們這些住在集中營的人都記得那些逐個小房去安慰別人，並派發自己最後的一點麵包的那些人，他們可能只是集中營裏的很少數人，但已經足以證明，人可以被奪去一切，但一樣東西是奪不走的：人類僅餘的自由——在既定的環境下選擇自己態度的

自由 ——選擇自己的行動方式。」

弗蘭克的事例至今仍然激勵著我。任何一個處於惡劣景況下都能夠保持正面態度的人的故事，只要是令人難忘、令人印象深刻的，都必然會令你的孩子銘記於心。告訴孩子這些鼓舞人心的故事，是培養孩子適應變化的能力的關鍵。

你可以在不同種類的書籍裏找到這些故事，人物傳記裏這些故事尤其豐富。大部分著名的人物，體育明星也好，公司的管理人員也好，他們在生命中的某些時期都要一次又一次地克服困境。還有，關於教會、外展宣教工作、神職人員組織的成長和發展的書裏，普遍都有為數不少的勵志故事 ——所以，查找這些宣教的書籍吧！懂得激勵別人的演說家和基督徒領袖所寫的書籍，也常常使用鼓舞人心的故事去說明事理，你甚至可以在軼事、趣聞之中去找，包括那些人們如何克服不合常理的情況的故事。

在閱讀雜誌、看電視、聽講道的時候格外留神，記住那些勵志的故事，好讓你在晚飯時或適當的時候能與孩子們分享 ——你甚至可以把這些故事寫下來給你的孩子（或者你可以把故事夾附在孩子的午餐盒、功課夾內，又或是貼在孩子浴室的鏡子上），讓他們了解別人是如何克服真正的困難，提醒他們上帝也會幫助他們解決及克服困難。

除掉沮喪。你可能聽過魔鬼大減價的故事。所有魔鬼用過的工具都被擺放出來售賣，每樣工具都有不同的標價。魔鬼賣的都是為惡的貨品：憎恨、嫉妒、欺詐、説謊、驕傲 ——每樣東西價格昂貴，在減價場一旁陳列的一件東西明顯比其他貨品破舊，但令人意外的是這件東西也是全場最昂貴的。這東西的標籤是「沮喪」。

被問及為甚麼「沮喪」這麼貴，魔鬼說：「這件工具比其他工具更有用，每當我引誘人類犯罪失敗，我就會用上沮喪，因為很少人知道沮喪是我引誘人的工具。」

一點兒的沮喪感覺對任何人來説都是正常的，特別是小孩子。但這並不代表我們應該陷入沮喪的感覺中。不要讓你的孩子沮喪得太久，如果沮喪嵌入了孩子的心靈，魔鬼就會找到立足點，因為沮喪能令人對上帝的愛與供應產生懷疑。

我知道怎樣處卑賤，也知道怎樣處豐富；

或飽足，或飢餓；或有餘，或缺乏，

隨事隨在，我都得了祕訣。

使徒保羅（腓四12）

當你見到你的孩子感到沮喪，你可以做的是令他們打起精神來。最終，他們都會學懂自我鼓勵，以及向上帝說出他們的壓力。於是他們都會漸漸懂得克服沮喪的感覺，並懂得適應自己控制不了的事物。

學習掌控情緒。當你的汽車駛進你家的私人通道，你兩手提著大袋的食品雜貨走向家門時，你家裏的孩子有甚麼反應？他們會說：「好啊！媽媽回來了！一切都會好了」？

還是他們會呆在當地，看看你接下來會做甚麼：「噢，媽回來了。」

你砰然關上車門，你的孩子們聽見你在門廊沉重的腳步聲的時候，他們會愉快地尖叫，還是會按捺著自己的行動，先觀察一下爸爸今天的心情如何？

你的答案確定了你的孩子可以有機會，學習到多少適應自己控制不了的事物的能力。你要明白，你本身如何處理自己的情緒，是直接影響著你的孩子如何處理他們的情緒。你的情緒愈是穩定、愈是始終如一，你的孩子就愈有可能會如你一樣般情緒穩定。

人們決定自己擁有多少快樂，

就可以擁有多少快樂。

林肯（Abraham Lincoln）

告訴孩子怎樣可以把不幸化為幸福。上一章我們提及過約瑟少年時被他的哥哥們賣為奴隸的事。雖然約瑟在埃及照顧了他的哥哥們一段日子，但當約瑟的父親死後，他的哥哥們卻還是害怕約瑟最終會為他們虧待過他而展開報復。他們找約瑟，對約瑟說他們所能想到最具影響力的謊話：「父親臨終的時候交代過，求你饒恕我們虧待過你的罪過。」約瑟看透了他們謊言背後的恐懼，於是約瑟回應時透露了他的人生哲學：「從前你們的意思是要害我，但上帝的意思原是好的，要保全許多人的性命，成就今日的光景。」（創五十 20）

雖然約瑟的哥哥們的行動曾經使約瑟成為奴隸，及後更下了牢獄，但約瑟並未一一把這些事件視為不幸，而是更宏觀地看到上帝在使用這些事件去指引他的路。

上帝總是用我們意想不到的方式去把我們放在祂期望的位置上。有時上帝為我們計劃的路是我們不會去選擇的，但祂卻使用我們生命中的事件來教導和陶造我們。審視一下你的生命，你曾否經歷過一些肯定會毀掉你的狀況——可是，後來你卻見到上帝很奇妙地使用了你這些悲慘或受創傷的經歷？把這些事情告訴你的孩子，教導他們，上帝也會在他們的生命中做同樣的事。

小組研習討論問題

- 回想你生命中有過的突如其來的變化，當時你如何面對？

- 你能否記起你還是孩子的時候，父母曾否突然遇上惡劣的景況？他們如何處理？你從中學到了甚麼？

- 有時我們處理意外變故的能力可以反映我們的性格，你屬於哪一類人？樂於接受挑戰和改變的人，還是選擇安穩的人？

- 你的孩子中哪一個最能承受人生中的轉變？為甚麼？

- 當你的孩子遇上人生的轉變和挑戰的時候，你如何可以與孩子保持溝通？

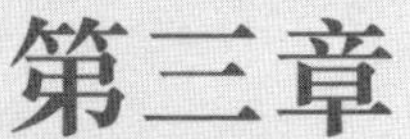

第三章

等晚些才去滿足自己

等晚些才去滿足自己

沒有自律就沒有人生。

赫伯恩（Katharine Hepburn）

我（老萊斯利）六歲那年，第一次學習甚麼是等晚些才去滿足自己。那年我收到聖誕老人給我的一輛漂亮的新手拉車——華麗地上了清漆的車廂側板、紅色的車輪。爸爸建議我把那舊的、細小生鏽的手拉車賣掉，賣了舊的手拉車後，我得到了兩塊錢，令我恨不得馬上把錢花掉。

爸爸後來就建議我們到銀行去，就是在銀行，我得到了人生第一本戶口存摺——當時我年僅六歲。擁有了一個用自己名字開的銀行戶口，我幾乎跟得到了那輛新的手拉車一樣自豪。我不明白爸爸說的「利息」、「定期」等詞語的意思，但是開戶口卻使我開始了自己的儲蓄計劃，也教曉我等晚些才去滿足自己的益處。

這樣的學習讓我在進大學的第一年迎來了收穫——我用現

金買了一輛全新的棕褐色普利茅斯（Plymouth；譯按：美國中級汽車品牌公司）小轎車。到了我和太太李結婚的時候，我儲的錢已經夠我為那不太大的公寓配置新傢俱和電器了。那段時期，我倆奉行了一套理財哲學，從那以後，這套哲學就一直指引著我倆：除了住的房子外，我們所有的開銷都只限於用我們有的現款，沒有足夠現款的話，我們不買東西。

「等晚些才去滿足自己」的理財原則，使我倆得以免於債務。但更重要的是，「等晚些才去滿足自己」能成就成功的人生。「等晚些才去滿足自己」幫助學生在學校取得良好的成績，使他們可能在青春期保持性貞節，使他們成人後得到傑出的事業。但最重要是「等晚些才去滿足自己」引導我們避免犯罪並榮耀基督，幫助我們實踐上帝要我們過的人生。到了最後，因為等晚些才去滿足自己，上帝會對祂的僕人說：「做得好！」

如果沒有學習等晚些才去滿足自己的能力，我們的孩子便會錯過了家族遺產中的其中一個重要部分。

「等晚些才去滿足自己」是甚麼意思

試過在吃花生醬果醬三文治時，**先**吃掉麵包皮——然後才去享用三文治中間的美味的話——就知道等晚些才去滿足自己是甚麼意思了。每當一個人特意忍著，先去接受不夠好的東西——不論那東西是大是小——之後才去享用更加好的。等晚些才去滿足自己，就是我們願意先付出，後享樂。

自制力就是等晚些才去滿足自己的核心，因此這種能力是可傳授的。加州（California）聖克拉拉大學（Santa Clara University）的財務學教授斯塔特曼（Meir Statman）說，我們每個人都有學習自制力的潛能，就好像我們可以學習不同的語言一樣，父母教導子女要耐心等待才可以得到自己想要的東西時，子女就學會了寶貴的一課。

而這寶貴的一課正是等晚些才去滿足自己。

在我年幼時，父母親平日要我做好自己那份家務，然後週末我才可以盡情玩耍，如果我在平日沒有做好家務，大好的星期六我就要去打掃車庫或者要清潔我的倉鼠籠，不能和我的朋友一同到沙灘玩耍了。幾個星期下來，我就明白到先把苦差做好的好處。

此後我就一直保持這種做事原則。高中時，我的朋友很快就發現，我常常早在最後限期以前就已經完成了功課。為甚麼？因為我明白到等晚些才去滿足自己的好處。

經常做對的事，這會使一些人感激，使其餘的人吃驚。

馬克·吐溫（Mark Twain）

當然，等晚些才去滿足自己的習慣也有可能走向極端，我們有可能會過分克制自己。我（萊斯三世）唸研究院時，在寫論文的時候，在電腦的上方貼有一句提醒：「有些人終其一生都在無了期地為享受人生而作準備。」心理學家馬斯洛（Abraham Maslow）這句話所指的，是我們要在自我克制與放縱之間取得

平衡。這句話貼在我電腦上方超過五年，提醒我不要過分克制自己。克制有時，享樂也有時，這教導也是等晚些才去滿足自己的藝術。

為甚麼「等晚些才去滿足自己」是重要的

哥倫比亞大學（Columbia University）心理學教授米徹爾（Walter Mischel）做過一項研究，讓一羣四歲的孩子去做決定。研究員告訴孩子，他們可以馬上吃掉一顆棉花糖，但假如他們能等研究員做完一點事回來後才吃棉花糖，就可以得到兩顆棉花糖。說完後，研究員把棉花糖留在每個孩子都伸手可及的地方就離開了。

每個孩子都甚為焦急，有的用手捂住自己的眼睛，有的唱歌以分散注意力，有的偷吃了糖果。但他們不知道，他們全都接受了能否自願不急著滿足自己的考驗。

研究員其後追蹤著這些孩子的成長歷程。多年後，研究確定了等晚些才滿足自己的能力是不容置疑的力量。研究結論的要點是：能夠為了更多的獎勵而忍耐著不去滿足自己即時願望的孩子，他們表現出遠比其他孩子正面的性格特質。相比起那些不能忍耐片刻得到兩顆棉花糖，而忍不住吃掉眼前的棉花糖的孩子，忍耐得住的孩子適應能力更高，展露出更多的自信，擁有的詞彙量更多，能力傾向測試更高分，建立更好的關係，最後還得到了更好的工作。

這項實驗的設計，並不是要指出有些孩子命中注定會比別人更優秀，而是說明學會等晚些才滿足自己的孩子，他們會比沒有學會的孩子更有優勢。

聖經似乎也同意這個研究結果，我們在聖經裏找到擁有正面特質的人，他們無不擅於忍耐。例如摩西，他肯定明白到以尋求上帝去代替自我中心的所想所求的本意是甚麼。「摩西因著信，長大後就不肯稱為法老女兒之子。他寧可和上帝的百姓同受苦害，也不願暫時享受罪中之樂。」（來十一 24～25）挪亞也是忍耐力高的另一個例子。「挪亞因著信，既蒙上帝指示他未見的事……預備了一隻舟，使他全家得救。」（來十一 7）

亞伯拉罕很擅長忍耐。雅各為他岳父工作了七年才娶得其女兒為妻。而耶穌的教導，尤其是山上寶訓也提及很多次滿足自己前要先忍耐（參太五 23～24；六 33）。使徒保羅寫給初期教會的幾乎所有書信裏，都在表達先要忍耐——等到保羅能夠親自去探望這些教會為止。而最終，等待耶穌基督第二次降臨也是祂的信徒漫長的忍耐練習。

這種性格特質真的如此重要嗎？它比大部分人所想的重要得多了。

如何培養孩子不急於滿足自己的忍耐能力

你可以找到很多方法去幫助子女學習不急於滿足自己的忍耐能力，有些是涉及理財活動，有些把聚焦放在學校的課業上，有些是圍繞做家務上。我們會留待你自行決定讓孩子進行這些活動的最佳場所，但我們會為你提供一些一般性的指引，好讓你為子女進行學習活動時可加以考慮。

健康的自我形象就是：

絲毫不差地以上帝看待你的目光看待自己。

麥道衞（Josh McDowell）

強調不急於滿足自己的益處。我（萊斯三世）最近輔導過一個年近三十的男子，他是那種大部分人都會形容他為無心向學及懶惰的人。他父母供應他一切的物質所需及他想要的東西，所以他從來都不需要工作。他十六歲生日那年得到父母送他一輛跑車，父母認為這輛車可以幫助他「融入」校園生活，取得更好的學業成績。他在高中畢業前退學，動用父親成立的信託基金在科羅拉多州（Colorado）用上大部分時間滑雪。他沒有工作的理由，也沒必要為金錢而擔心。

他因為覺得沒有方向感而來到我的辦公室。他完全不知道他的人生接下來可以怎樣走。他的朋友都已在發展自己的事業，而他卻沒有甚麼東西可以放進個人履歷表內。為甚麼？因為他大半生人都是飯來張口，衣來張手，他想要甚麼就可以得到甚麼，他完全沒有嘗過因等晚些才滿足自己而得到回報的滋味。

你的孩子未必會像這人一樣從不需要擔心金錢，但若然你不去強調不急於滿足自己的益處，他們可能永遠都不會明白不去即時滿足自己有甚麼的好處。用你的行動及事例去證明給孩子看，怎樣是不急於滿足自己的真正價值。

遵守諾言。阿什克羅夫特（John Ashcroft）在他一九九八年出版的《父親給兒子的教誨》（*Lessons From a Father to His Son*）一書中，寫到美國籃球巨星佐敦（Michael Jordon）當年一直都不是美國國家籃球協會（National Basketball Association）裏最高薪酬的球員。當他被問及為甚麼他不像其他球員般堅持要有更高的薪酬才去履行合約時，他回答說：「我一直都信守自己的諾言，這樣做人就穩健了，我簽的是六年合約，我一直都履行合約。人們說我的薪酬過低，但由我在虛線上簽了名那一刻起，我就信守自己的諾言。」

三年後，有幾個著名籃球員違約後，有記者再問起佐敦薪酬過低的問題，佐敦就解釋說，如果他的孩子看見他不守諾言，他就難以去訓練他們成為守諾言的人了。佐敦沒有要求重新進行合約修訂，對他的孩子實行身教，告訴他們：「無論怎樣你們都得堅守諾言，即使是堅守諾言對你們不利。」阿什克羅夫特補充說，佐敦的無聲教導是最強而有力的。

你們要先求他的國……這些東西都要加給你們了。

馬太福音六章 33 節

在小事上作示範。多年前，有一個十歲男孩走進一家汽水雪糕店，他要站在一張凳子上才能讓櫃台的女侍應看得到他。男孩問：「一杯雪糕新地要多少錢？」

「五毛錢。」女侍應回答。

男孩把手伸進衣袋，拿出一把零錢，並開始數起來。雖然女侍應正急著接待後面排隊等候的客人，男孩還是有保留地問道：「一碟淨雪糕要多少錢？」

「三毛五分錢。」女侍應不耐煩地厲聲說道。男孩又再次數了數手上的零錢，然後要了一碟淨雪糕，把三毛五分的零錢放在櫃台上。女侍應抓起零錢，給了男孩一碟淨雪糕，眼睛往上一翻，走開了。

小男孩走了以後，女侍應收拾男孩留下的空碟，不禁驚訝得倒吞了一口氣：濕了一片的桌面上擱著兩個五分錢和五個一分錢（譯按：合共一毛五分錢）。那個小男孩其實有足夠的金錢買雪糕新地的，但他放棄了買雪糕新地，好讓他有餘錢去給小費。

這個孩子大有可能見過他父親或母親習慣給小費，並且教導他給小費是應該的。他放下了自己的享受而去做應該做的事。這樣的孩子日後必然會在生命中的大小事情上，都懂得不急於滿足自己。

記緊要履行協議。身為父母，如果你要孩子先去忍耐，並答應了他們忍耐過後會給予他們更大的獎勵，你就一定要如你所說的去給他們獎勵，而且你的獎品也必須是值得等待的。否則你的孩子就不會再願意等晚些才去滿足自己了。

我（老萊斯利）永遠都忘不了當我發現我不得不取消我和萊斯三世那令人雀躍的旅程的時候，我感到如同腹部被人重重打了一記。萊斯三世高中一二年級的時候，我答應過他，如果他可以提前完成學校的功課，並且得到老師批准他放一個星期假的話，我就會讓他隨同我前赴夏威夷羣島去出席演講。

萊斯為此迅速地工作，他花上了幾個星期去計劃，好讓他放完假回校也不至於趕不上學校的課業。他甚至安排了一個特別的科學科專題研究，內容涉及在我們會去的其中一個島上採集熔岩樣本。但出發前一兩天，我卻病倒了，醫生要我留在家裏休息。

這對萊斯來説是很大的衝擊，他付出了很大的努力，但現在他的努力卻得不到回報，我也盡我所能去補償，我倆後來去了另一趟旅行。縱然如此，突如其來的病痛也不妨礙我記緊去實行我跟萊斯的協議。正如以棉花糖給孩子做實驗的米徹爾博士所説：「除非孩子們了解到要等的事物是值得等待的，否則他們不會去等待。」

所以，你要小心留意你答應過孩子甚麼，並且盡你所能去履行諾言。另外，你給孩子的獎勵必須是孩子真正想要的東西，而不是你自己覺得是他們想要的東西。

小組研習討論問題

- 你的父母有否向你示範不急於滿足自己的忍耐能力？他們怎樣實踐不急於滿足自己的忍耐習慣，或是他們沒有這種習慣？這些如何影響你的生命？

- 回想起當你實踐不去急於滿足自己時，這對你的生命有甚麼益處？

- 不急於滿足自己的忍耐能力如何建立我們的生活？我們的靈命？

- 集思廣益，儘可能說出教導不同年紀的孩子不去急於滿足自己的方法。

- 有甚麼練習可以讓你和孩子一同體驗不急於滿足自己？

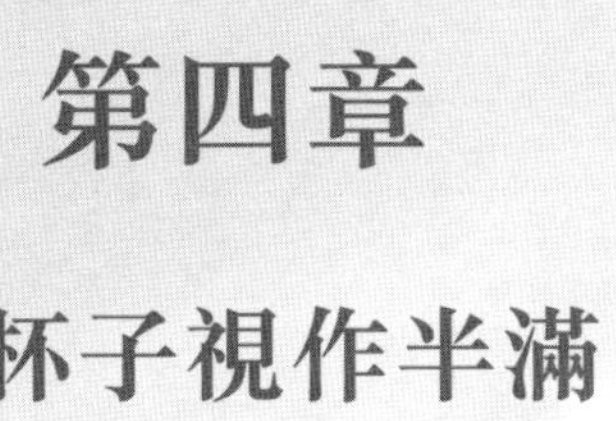

第四章

把杯子視作半滿

把杯子視作半滿

只有用心靈才能真正了解事物，
真正重要的東西是肉眼無法看見的。
聖修伯里（Antoine de Saint-Exupery）

觀看整個宴會廳，我（老萊斯利）感到滿足：我留意到好幾個相識的人，他們盡最大努力來出席我們的籌款晚會。現場座無虛席。差不多每一個人看起來都是充滿活力的，並樂於與我們在一起。人們閒談時經常發出歡笑聲。

我一面想著我們極之需要的承諾，一面轉向主席說道：「這羣賓客看來都很好。我相信我們會達到籌款目標的。」

主席卻面不改容地回應說：「我剛剛坐在這裏想著那些**沒有**出席晚會的人。」

在三月的同一天，兩位由美國東部前來俄勒岡州的訪客都寫了封信。一人寫道：「在俄勒岡州，今天是美麗的一天。」另一人則寫道：「今天是我們一個月以來見到太陽的第一天。」

這兩個人說的都是事實，只是他們理解事實的角度不一樣。他們一個樂觀，另一個悲觀。

樂觀的人與悲觀的人有甚麼分別？分別在於他們對事實的看法。譬如說，你放在架上的一杯水倒掉了一半，樂觀的人會認為這隻杯子仍然是半滿的；但另一方面，悲觀的人則會認為這隻杯子已經空了一半。兩者都是對的——他們只是觀點不同而已。

當我和主席談及宴會廳內的眾位賓客時，我看到這杯水仍然是半滿的，因為我留意的是在場的所有人。相反，主席卻想著那些統統不在場的人，他看到的是這杯水已經空了一半。

任何快樂的人都能夠使他人快樂。

安妮 · 法蘭克（Anne Frank）

發生在我們個人世界裏的每一件事，都會被我們大腦所檢視和被我們的情感淨化。只要不假思索地完成這兩個步驟，我們才會選擇專注於好的還是壞的方面去。這種選擇正是使我們生活得不一樣的關鍵。

「把杯子視作半滿」是甚麼意思

為了展開關於核心價值的討論，一個青年牧師問他的青少年：「如果醫生告訴你，你的生命只剩下二十四小時，你會做些甚麼？」

那些青少年說會跟朋友和家人在一起，而接下來的討論似乎正向著正確方向推進。可是，當十三歲的賈森（Jason）說出「我有另一種看法」時，討論就出現了分歧；這孩子是樂觀的。

你可能已經聽過關於鞋子銷售員的老故事了。有一間鞋廠希望把業務擴展至那未曾開發的地區，於是派了兩個銷售先鋒前去那個落後的鄉下地方，以便研究擴展業務的可行性。其中一個銷售員發回公司的報告宣稱：「情況糟透了：這裏沒有人穿鞋子。」

另一人的報告卻是歡欣鼓舞的：「此處大有商機。請儘快派出更多的公司代表，以及運來最大量的貨物。這裏是最有可能找到顧客的地方。這裏還沒有人穿鞋子呢！」

差不多每個人對生活的看法都是二擇其一：樂觀或是悲觀。兩者皆容易分辨。悲觀的人常作最壞的打算，也有抑鬱的傾向。樂觀的人以積極的亮光來看待生命，又視困難為短暫的障礙。

我們這一代人最大的發現，就是人類可以藉由改變他們的態度去改變他們的人生。

詹姆斯（William James）

樂觀這個課題的權威人物塞利格曼（Martin Seligman），他在一九九八年的《樂觀學習》（*Learned Optimism*）一書中提到：「經過二十五年的研究，我確信，如果我們像悲觀的人一樣慣常地相信不幸是自己的錯，是難以改變，總是破壞我們做的一切事情的話，我們就會比樂觀的人承受更多不幸。」

換言之，那些把半杯水視為空了一半的人，他們的人生裏的不幸很可能會比他們察覺得到的還要多。

另一方面，懂得把半杯水視作半滿的人會樂觀地度過每一天，他們正面的想法會帶來正面的結果。他們凡事都會向好的方面想，別人沉淪於自卑自憐之中的時候，他們卻總會找到值得感恩的東西。他們的觀點是正面的，他們身邊的人也都知道這一點。

我很感恩上帝讓我們選擇我們怎樣看這個世界，我也感恩我的父母教導我們幾兄弟姊妹知道，樂觀地把半杯水視作半滿的影響力。

為甚麼「把杯子視作半滿」是重要的

樂觀很重要，因為沒有樂觀，人有很大的可能會承受著極大的抑鬱。精神健康專家指出，美國現時正抑鬱成風，抑鬱的普遍程度是五十年前的十倍，這一代人開始抑鬱的年齡也比上一代人年輕了十歲，即是表示任何年紀的人都免不了抑鬱——從小孩子到青少年到成人或到老人家都有。

態度可以使同樣的經歷

變得愉快或是痛苦。

鮑威爾（John Powell）

分析指出，抑鬱成風的問題在未來的十至二十年內惡化，很大程度是由悲觀的習慣引起的。單是為了這一點，我們就一

定要教導我們的孩子半杯水的道理。

悲觀還會引起無助感。二十年前賓夕法尼亞大學（University of Pennsylvania）有一個實驗，把幾隻狗放進一個大盒子裏，盒子的中間放置了一塊矮身的木板以作分隔，盒子底部的其中一邊有低電壓電擊裝置，因電壓很低，僅會刺激盒子裏的狗隻，不會造成傷害；而另一邊則沒有任何電擊裝置。一進行電擊，大部分盒子裏的狗隻都紛紛跳過分隔木板到沒有任何電擊裝置的另一邊去。但是，剩下來的那幾隻狗卻只是躺在遭到電擊的原地並開始嗚咽。

起初，研究人員對這幾隻狗的行為感到困惑，他們不明白為何這幾隻狗不去越過木板來避開電擊。後來他們發現這幾隻狗之前曾參與另一項實驗，在那個實驗裏木板兩邊的「地面」都有電擊裝置，牠們哪兒都逃不了。可能是因為感到無助，牠們這次索性放棄嘗試跳到另一邊去了，反而躺在原地忍受電擊，並且嗚咽。研究員的結論是這幾隻狗因經歷過受害，而產生無助感。實驗後多年，這些研究人員又在其他實驗裏發現不夠樂觀的人也有可能產生像動物一樣的無助感。

上帝……給予我在祂面前承認負面態度的自由，而非
把負面態度化作行動的自由，因為負面的
行動對我自己和別人的破壞力都是一樣的。

皮珀特（Rebecca Manley Pippert）

把半杯水視作半滿的重要性，不但在於幫助我們避免，還在於幫助我們實現。仔細想想以下這個在塞利格曼《樂觀學習》一書裏商業世界的銷售例子：一家知名的大型保險公司給所有應徵銷售員的人考一個標準測驗，測驗分數最高的首五十人獲邀進行面試，而當中很多人都獲得聘用。然而，有接近一半的人在上任的第一年內就辭職了。

於是保險公司的主管又進行了一項測驗，測試應考者是樂觀還是悲觀的人。行政人員檢視過樂觀者及悲觀者的測驗分數後，終於了解到問題的原因了。縱然樂觀的人和悲觀的人受的訓練一樣，售賣的產品一樣，樂觀的銷售員比悲觀的銷售員平均還是多了百分之三十七的銷售額。那些測驗分數是全體分數首百分之十的樂觀銷售員，他們的銷售額比悲觀的銷售員足足多了百分之八十八。

如何教曉孩子半杯水的道理

「解釋風格」（explanatory style）是指一個人如何看待和理解世界。專家告訴我們解釋風格早就在我們幼年時期開始形成。還是孩子的時候，我們學習如何說明例如操場上發生的事情、或者家中的情景。這些看法會根深柢固地發展成我們對以後事物發生的可靠說明，而我們的說明不是大部分正面就是大部分負面。如果你的子女傾向於負面地說明事情，以下有幾個對策可以幫助你的子女。

不要小事化大。根據美國國家標準局（United States Bureau

of Standards）的數據，籠罩著七個城市、足以阻隔一百英尺內的視野的濃霧，能見度較一杯清水低。

有時，我們那一點點的擔心就像霧一樣影響我們整個人的「能見度」。一件小事，譬如說一個陌生人的負面評語就可以糟蹋了一些人的一整天。小測成績不好可能會使一個孩童懷疑自己的智力。就像霧那樣，我們的憂慮使我們看不清前方有上帝的應許。同時，我們的憂慮就像霧一樣，它的實質比我們所眼見的小得多。

把事情想得容易，事情就會變得容易；

把事情想得艱難，事情就會變得艱難。

阿拉伯諺語

協助子女合理地看待事情和確定情況，而不是只懂驚慌。

指出別人看不到的一面。勵志作家兼講者約翰遜（Barbara Johnson）說出一個一整天都過得不順心的女人的故事。女人早上睡過了頭，上班遲到；公司的工作最後限期迫近，使她不得不趕著工作；下班後到巴士站等車的時候，她的肚子不舒服，像打了結一樣；巴士又比平常晚了很多，車廂又擠擁，害她整個回家的車程都得站著。依約翰遜的說法是：「在一天快要完結的時候，這一天還是沒有變得更好。」

接著她聽見一個男人的聲音從車廂裏的前方傳出：「這一天真美好，對吧？」因為車廂裏太多人，女人看不到男人的臉，不過她仍然繼續聽得見以快樂的聲線評説巴士沿途經過的事物：這邊是教堂，那邊是雪糕店，這裏是棒球場，那邊是圖書館……聽著聽著，巴士上的乘客都開始放鬆下來享受車程——包括那個女人。男人的熱忱很令人喜愛，使得女人也開始微笑起來。當巴士到了女人要下車的那一站，女人穿過人羣到了車廂的前方，發現原來車上的「導遊」是一個戴著墨鏡，拿著白色手杖的男人——原來他是個盲人。

女人在下車的時候，發覺上帝使用了一個盲人去使她樂觀地把半杯水視作半滿。你也可以為你的子女做同樣的事情，即使在最令人失望的日子裏，也給子女指出美好的事物來。

你大部分的人生並非由發生在你身上的事決定，

而是由你對事情的態度決定，

重要的不是發生甚麼事，

而是你的心如何看待這些事。

米勒（John Homer Miller）

凡事謝恩。《密室》（*The Hiding Place*）的作者彭柯麗（Corrie Ten Boom）在書中講述了一件事，這件事教會了她凡事謝恩的道理。第二次世界大戰期間，彭柯麗一家在家中收容了猶太人，但最終卻被人發現，一家人被捕。彭柯麗和姊姊碧茜（Betsie Ten Boom）被送入納粹賴文斯卜魯克（Ravensbruck）集中營。

她們姊妹倆住的那座營房非常擠迫和遍佈跳蚤，柯麗討厭擠迫，她更加討厭營房裏的跳蚤。一天早上，柯麗和碧茜一起閱讀她們的破爛聖經，讀到帖撒羅尼迦前書五章18節對凡事喜樂的提醒：「凡事謝恩；因為這是上帝在基督耶穌裏向你們所定的旨意。」

碧茜說：「柯麗，我們要為了這個營房，甚至是營房裏的跳蚤向上帝謝恩。」

柯麗就說：「我不懂得去為跳蚤謝恩。」但碧茜不住游說，柯麗只好勉強為跳蚤向上帝謝恩。

接下來那幾個月，柯麗和碧茜發現集中營的守衛都避免接近她們的營房，這很奇怪，因為那些守衛常常都會盯緊其餘各座營房的女人。亦因為柯麗和碧茜所在的營房相對比較自由，她們可以開始帶領查經班，公開地談論基督教信仰，甚至在營房裏祈禱。幾個月後，她們發現集中營的守衛避免接近她們的營房是因為營房裏的跳蚤，而因為柯麗和碧茜的營房過度人多擠迫，柯麗和碧茜就可以跟更多女人分享上帝愛的信息。

我是個活了很久的老人，知道很多令人擔憂的事情，

但這些事大部分都未曾真正發生過。

馬克・吐溫（Mark Twain）

柯麗的故事是一個強而有力的提醒，提醒我們感恩的態

度，可以把我們從不幸的經歷之中拯救出來。而雖然我們大部分人都不需要忍受這些非人的景況，但我們也會有容易感到洩氣和沮喪的時候，而這種時候也是我們為子女樹立改變自己去適應控制不了的事物的榜樣的時機。而子女看見爸媽的榜樣，就會長久記住爸媽的身教。所以，不要忽視你凡事謝恩能夠給予子女適應能力的教導。

小組研習討論問題

- 保持樂觀是否常常都是一件好事？
- 你傾向於把半杯水視作半空還是半滿？
- 怎樣可以在教導子女們合理地看待恐懼的同時，避免漠視了子女的恐懼和感受？
- 你能否回憶起你曾經在看起來很壞的情況下仍然感恩？結果怎樣？你在這件事之中學到了甚麼？
- 你的子女對事情有負面的看法時，你可以如何協助改善他們的態度？

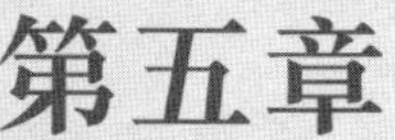

第五章

在需要的時候勒住自己的舌頭

在需要的時候勒住自己的舌頭

安心先做好自己，就可以由得他人怎樣談論你了。

畢達哥拉斯（Pythagoras）

我（萊斯三世）小學三年級時，我和爸爸一起閱讀有關跟美國神話人物布尼安（Paul Bunyan）的故事。傳說樵夫巨人布尼安居於明尼蘇達州（Minnesota）密西西比河（Mississippi River）的河源上游，據說他擁有比樹林裏的所有人都強大的力量。他的聲線非常嘹亮，使得鳥兒都要停止歌唱、樹葉都會抖動。所有人都會按照他的命令辦事，只有一個人例外。

有一個住在森林裏的樵夫經常不斷地表現出批評的態度及滔滔不絕地說不敬的說話，連那些平日不會留意罵人說話、粗野的樵夫都感到難受。

布尼安下令要這個樵夫停止他的行為，但沒有用，於是布尼安轉用手作勸喻的方法，狠狠地痛打了這人一頓，但這人依舊說著不堪入耳的話。布尼安哀求他、誘騙他、恐嚇他，用盡了一切懂得的辦法去阻止這人再說出這些討厭的話，但還是沒有用。之後就發生了一些事，徹底改變了一切。

有一年冬天，明尼蘇達州的天氣冷得連水銀溫度計都難以量度——氣溫遠低於華氏零度。天氣冷得如此極端，每個說出口的字都凝結在空中了。看著這些凝結的氣霧落在地上，布尼安有個主意。布尼安集合了他的助手，收集這個樵夫說過的所有凝結在空中的說話，直至春天來臨。等到苦寒的冬天過去，溫暖的太陽重新照耀大地，氣溫回升至零度以上，積雪和凝結在空中的字句開始融化時，布尼安命這個樵夫坐下來聽回自己整個冬天說過的所有咒罵話語。據故事所述，這個人從此再也不說半句抨擊和咒罵話語了。

布尼安的故事只是傳說。不過我閱讀過一個報告，內容是討論修復那些仍然在宇宙中漂浮的字句的可能性。有些科學家說，科技上的突破可能令人類能夠從空氣中取得幾百甚至幾千年前的，所有曾使空氣震動的談話及演說。理論上，美國前總統林肯（Lincoln）南北戰爭期間在蓋茨堡（Gettysburg）發表的演說，或新約時期主耶穌山上寶訓的字句都仍然在宇宙中漂浮著。

這個構想似乎不大可能，聽起來又誇張又可怕。很多說話還是說過後就忘掉了比較好。但是說了出口的話本身也是有其生命力的。一句話說了出口就難以收得回來了。我們聆聽自己所說的話，有時也會聽見連自己也不愛聽的話。很多時候我們的說話佔了太大比重是不友善的批評，讚美的說話則只是零星的點綴。

「在需要的時候勒住自己的舌頭」是甚麼意思

在一九七〇年八月的一個炎熱天，巴特菲爾德（Alexander Butterfield；譯按：前白宮高級助理）在水門事件的聽證會上埋下了一個炸彈：他在聽證會上說出美國首都華盛頓（Washington）白宮的橢圓形辦公室裝有精密的錄音器材。頓時，一股感性浪潮席捲全美國。當晚的電視新聞頭條正是報導美國總統竊聽這可怕的事。第二天早上，《華盛頓郵報》（*Washington Post*）、《紐約時報》（*New York Times*）、《芝加哥論壇報》（*Chicago Tribute*）、《波士頓環球報》（*Boston Globe*）等等全國大大小小的日報，都大字標題去標出總統辦公室（即橢圓形辦公室）遭到竊聽的專題報導。全國都為了「竊聽」而瘋狂。當兩個人在全國清談節目或在咖啡室碰面，大多數時候就會談論總統辦公室的竊聽錄音。所有人的公開談論和私底下的談論都與總統辦公室的所在——白宮西翼有關。那些錄音帶是總統的嗎？如果是總統的，他為甚麼不銷毀錄音帶？如果錄音帶屬於國民，為甚麼我們不可以聽錄音帶的內容？那關鍵十八分鐘的錄音帶神祕失蹤，到底去了哪裏？竊聽甚至成為了電視喜劇演員的固定劇目。我（老萊斯利）記得一個喜劇演員說過，總統送了十二枝長柄麥克風給副總統作為生日禮物。

有智慧的人說話，是因為他們有話要說；

愚蠢的人說話，是因為他們想要說些甚麼。

柏拉圖（Plato）

竊聽行為是否恰當曾經在我們家中成為話題。在一頓正式的晚飯中途，我聽到餐桌中央的擺設底下有一些奇怪的卡嚓聲，接著萊斯三世從花朵擺設裏拿出一個麥克風，得意洋洋地說他竊聽了我們在餐桌上的談話，然後他又堅持要我們全都坐下來細聽我們說了甚麼，尤其是與他有關的說話。

這一次經驗為我們全家帶來思考。若我們每人都給自己裝上了竊聽裝置，然後聽回我們自己說了甚麼，那會是如何？如果我們聆聽全日二十四小時內自己的一切說話會怎樣？簡單來說，我們開始發問：「如果你給自己上了竊聽器，你會聽見甚麼？」而這個問題就直接指向本章的重心。我們把勒住自己的舌頭視為一項性格特質，意思是要注意自己的言詞，並把對人沒有用的批評說話去掉。

這是不容易做到的。正如雅各書三章2節所言：「原來我們在許多事上都有過失，若有人在話語上沒有過失，他就是完全人，也能勒住自己的全身。」但是，如果我們要把愛的遺產傳給我們的子女，我們就需要學習控制自己的言詞。

為甚麼「勒住自己的舌頭」是重要的

一九八六年四月二十六日凌晨十二時過了沒多久，烏克蘭（Ukraine）東北部的切爾諾貝爾（Chernobyl）核電廠內的工人正在進行系統常規的維護，突然，一股不受控制的能量洶湧地衝擊四號反應堆的內部，產生的水蒸氣和氫氣累積，引發大爆炸。爆炸釋出帶有輻射塵的雲帶在萬丈高空中飄浮了十日，在歐洲和蘇聯降下了含幅射的雨水。

你和人們一起生活時，要活得像上帝看到你一樣；

你跟上帝說話時，說話方式要像別人聽得見你一樣。

阿典諾多羅斯（Athenodorus）

一九九三年夏天，我（萊斯三世）見證了切爾諾貝爾核意外為該地和人民所帶來的破壞。我參加了世界宣明會（World Vision International）的人道主義服務，被委派去切爾諾貝爾，協助當地那些意外後身體仍然未康復的人。我在那片備受摧殘的，要幾千年後才能痊愈的土地上走動，跟那些受害兒童傾談過。這些兒童受到的幅射影響最大，因為下幅射酸雨的時候他們在戶外，而他們的身體較為細小，所以他們吸入了較大比例的幅射毒素。因此，他們當中多數人會因這些酸雨的有毒物質而患上不同的癌症。

忠言總是逆耳的，

尤其是親人、朋友、熟人、或陌生人真誠的批評。

瓊斯（Franklin P. Jones）

在一些家庭裏，說話是用來摧殘人的靈魂的武器。這些語言導彈幾乎可以攻擊一個人擁有的一切，包括財產、行為、外表、才華，甚至是他整個個人特質的價值。雅各寫道：「（人的

舌頭）滿了害死人的毒氣」（雅三 8）。

幅射產生的疾病破壞人的免疫系統，有毒的言詞破壞人的靈魂。極端情況下，有毒的言詞甚至被稱為語言暴力。這種暴力透過諸如「你永遠都不會成功的」、「你有哪一次是做對的呢？」、「你是在地球上四處走動的小怪人之中最嘔心的一個」的說話大量降落在人的心靈。

語言暴力——很多專家都說這種暴力跟真正的暴力有同等的破壞力。兩者皆造成情感上的創傷。

但是，有毒的言詞卻常常分散地以不同形式、不易察覺地出現。我們有時會把抨擊別人的說話偽裝成我們聲稱的幽默。人們刻意曲解惡毒傷人的說話，說：「我只是開玩笑而已。」有時我們會以「有益的」建議去放出實際上是經修飾的惡言毒語。有時我們會以拒絕去留意來表達不同意。無論是以甚麼形式去表達，惡毒傷人的說話都會如同核災難摧毀一片土地般毒害人的靈魂。

如何教曉子女在適當時候勒住自己舌頭

因為遭受抨擊而受到傷害的情況很普遍。我一直都感到驚訝的是，我們大部分人說抨擊別人的說話時，都太快說出口，即使是對我們最親近的人亦然。我們似乎都有一種急於要找毛病的衝動。帕斯卡爾（Blaise Pascal）說過：「就連『完美』本身也可以給我們找出毛病來。」正因為此，我們在這方面提供給你的建議，才會極為集中於你如何為子女示範作不毒舌的榜樣。

對事不對人。你的子女一定要看到你清楚識別，別人**做**甚麼並不等於他**是**甚麼人。這需要你對自己的言行多加留神。如果你現在仍未做到對事不對人，你可以這樣開始做起：把注意力集中在別人做的事情上，而非在你眼中這人是甚麼人；換句話說，你應該去形容他的行動，而不是形容他的性格。其中一個好方法可以是說話時使用副詞（adverbs，形容人的行動），而不用形容詞（adjectives，形容人的特質）。因此，每當你對子女說起你在工作上遇見過的人時（或者更為重要的是：你和另一個成年人談天，而你又知道子女正在偷聽的時候），你可以說某人「說了很多話」（形容行動），但不要說這人「說話很大聲」（形容人的特質）。

作有益的批評，不作損人的批評。有時我們需要給予建設性的引導。你一定會覺得需要正視子女不負責任的行為，但你引導子女時的表達方式，很大程度決定了子女會否聆聽及遵從你的引導。牧師比徹（Henry Ward Beecher）說過：「除非是基於愛，沒有人能夠對另一個人說出於對方有益的批評。」

這裏的要點並不是要去避免批判思考，及對任何事情不作任何衡量判斷就加以接受。這裏的重點是要使我們的批評成為有益的說話——在談話間不要傷害到人的自尊。使徒保羅寫下以下這句話的時候明白到這一點：「所以，我們不可再彼此論斷，寧可定意誰也不給弟兄放下絆腳跌人之物。」（羅十四 13）你可以練習用你子女的方式去表達你的感受，以免給你子女放下絆腳之物。

若然你說不出好話來……也許你的母親也把這句話鑽進了你的腦袋：「若然你說不出好話來，就甚麼都不要說。」我們應付子女的時候，實踐這句說話是合適的做法。

我們在生命的道路上前進的同時，

會發現世上幾乎所有禍害都是出自人的嘴巴。

胡德（Paxton Hood）

天下人都知道任何年紀的孩童都可以難以應付得令人沮喪。有時遇著孩子令人抓狂的時候，我們就可能會受到盡情直接說出心中所想的試探。在這時候，當我們快控制不住自己的舌頭的時候，我們最好還是甚麼都不要說。這似乎是不可能的——尤其是在我們所要說的是實話，又或者我們的子女實在激怒了我們的時候。記著：在你再次控制得住你口中的說話以前，先與你的子女保持距離是沒有錯的。這一句總會奏效的：「我現在不可以跟你談論這件事，等晚些我們才討論這個話題。」

愛意味著要勇於承認錯誤。完全的人在任何時候都能夠控制著自己的舌頭。那如果我們不是完全的呢？那就讓你的孩子知道你也不是完全的人——說錯了話就去道歉，為自己發了脾氣道歉，為說了刻薄的話道歉。

我們的子女是明白說出傷害人的說話及懷著憤怒說話的試探的。我們不把我們說錯了的話抹掉，帶出說錯了話是有後果要承受的，不能就此輕輕帶過。但同時亦在說了傷害子女的話或冤枉了他們後尋求他們的寬恕，為子女作正確的示範。

同樣地，我們可以教導子女在控制不住自己舌頭的時候要道歉，以令他們學習寬容待人。實際上，子女對我們說錯了話時，我們要求子女道歉也是恰當的。

和藹的說話不會傷到自己的舌頭。

法國諺語

另一件我們身為父母可以做的事，就是向子女指出別人說了甚麼不恰當的說話。你跟子女一起看電視時，如果看到一個電視劇角色說了無禮的話，就不要置之不理，要告訴你的子女。因為有太多的統計顯示，如果父母不向孩子糾正媒體發放的錯誤信息和態度，音樂、電視、電影會對孩子有很大的壞影響。

協助你的孩子看到別人好的一面。大部分公立學校學生的父母，當他們聽見子女在學校裏所說的話時，也會非常擔心。今時今日很多父母都沒有教導孩子待人和藹及慎言，那我們可以怎樣避免子女對別人口出惡言？

由跟子女討論他們的朋友如何評說他人著手，問他們那些被人惡言相向的人有甚麼感受，問他們如果有人對自己說同樣的說話時，他們會有甚麼感覺。

我們也可以教導子女，上帝有多麼看重我們每一個人。約翰一書四章 21 節告訴我們：「愛上帝的，也當愛弟兄。」跟子女談論我們怎麼對待我們所愛的人——以及我們當怎樣以同樣的方式去對待其他的人。

我們還可以提醒子女尋找別人好的一面。縱然是一些我們不喜歡的人，只要我們找到他們一些令人讚賞的特質時，我們便能踏出學習關心他的第一步。

小組研習討論問題

- 聖經裏有哪些關於人控制不了自己的舌頭的例子？
- 你可以說出你曾被人說話傷害過的情況嗎？
- 你可以回想你被證實是失言了的時候嗎？當時你怎樣做？
- 你在甚麼時候最容易對子女說出不像基督的說話的試探？
- 列出你可以對子女說的和藹寬容、肯定的說話。

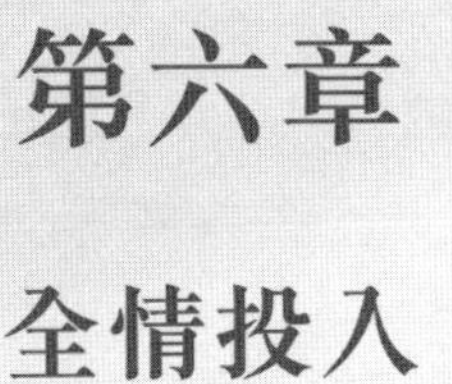

第六章

全情投入

全情投入

把每件事都視為你生命裏的最後一件事，把它做好。

奧理利厄斯（Marcus Aurelius）

好些年前，萊斯三世還在上高中的時候，我乘飛機由芝加哥前往鳳凰城出席一個週末研討會。在星期六的午膳休息時間，有個商人遞了一本書給我，說：「我覺得你會對這本書有興趣。」他建議我在星期日上教會時把書還給他。

我直到臨睡前才翻開這本書來看。

換作平日，臨睡前我是只看幾分鐘書，就會把書放下，然後入睡了。但這本書實在太令人著迷了，我忍不住一直看到很晚，過了我該關燈睡覺的時間很久。第二天早上，我在教會的休息室遇見這本書的主人，我告訴他我還沒有放棄這本書的準備。我看到書的封套上標的價錢，於是掏出錢來想向他買下這本書，但他拒絕把錢收下，叫我儘可保管這本書。當天下午，我在由鳳凰城飛往芝加哥的航機上看完了這本書。

我大約在晚上該睡覺的時候回到我們在伊利諾伊州（Illinois）的家，回家後我直接走到萊斯三世的房間，當時他正在溫習。我把這本書放在他的書桌上，說：「如果你把這本書看完，然後寫一篇閱讀報告給我，好讓我知道你明白這本書的內容，我就給你十美元。」萊斯當時正處於為了十美元甚麼都願意做的年紀，他一句也沒有問就答應了我。

這件事是很多年前發生的。萊斯從沒有寫過那篇閱讀報告，我也沒有給過他那十美元。不過我們確實有談論過當時舒克（Robert Shook）的《完全委身》（*Total Commitment*）一書的前提。我並沒有誇大整件事情。

這書的前提很容易理解：我們任何一個人只要全心全意、全情投入去做，就可以達成我們為自己定下的目標。要取得重大的成就，靠的並非高智商、出色的技術，又或者出色的概念，而是完全和絕對投入所做的事情。這個前提是多麼基本，也是我們家族的人長久以來都理解和學會了的前提。而完全投入和委身的性格特質，也是我們確信能夠幫助我們的子女達成他們的人生目的關鍵。

「全情投入」是甚麼意思

有一個海地（Haitian）寓言說明了對基督完全投入和委身的方式：有一個人希望以二千元出售他的房屋，另一個人想買那間屋，但負擔不起這個價錢。經過一番討價還價後，賣方同意以原價的一半把房屋售予買方，但有一個條件：賣方保留房屋門上突出的一口小釘的擁有權。數年後，房屋原來的業主想買回那間房屋，但房屋的新業主不願意賣屋。於是，原來的屋主就在他仍然擁有的那口小釘上掛了一隻死狗的屍體。很快，這間屋就變得不能住人了，屋主一家被迫把這間屋賣回給那口小釘的主人。

這個寓言跟對基督完全投入和委身有甚麼關係？寓言的主旨很簡單：如果我們容讓魔鬼在我們的生命裏有一小片空間，魔鬼就會在那片空間掛上腐爛的垃圾，使我們的內在變得不適合基督居住。完全委身是我們對自己立下的目標，不論我們與基督的關係、我們的工作、家庭或其他的一切，都完全奉上自己的所有心力。

或者我們可以從另一個角度去思考全情投入是甚麼。這關係到你要在距離目標仍很遙遠的時候知道自己走了多遠路。在實際觀念上，全情投入的意思是即使看不到終點線，仍然加緊努力去做。

美國跑步選手魯尼恩（Marla Runyon）就是個好例子。她法定失明（legally blind）的情況已經二十二年，雖然如此，她仍然完成了二〇〇〇年悉尼夏季奧運會的賽事。事實上，她成功晉身了一千五百公尺賽跑項目的決賽，更取得了第八名，只比在這項賽事中奪得獎牌的選手落後了三秒。她是怎樣做到的？她看不到顏色，她只能夠看到一團模糊的影像。比賽時她只是跟隨著眼前一個個模糊的影像而跑。她告訴時事評論員哈蒙茲（Tom Hammonds），她真正的困難是完成最後一圈的時候「衝向一條我看不見的終點線，我只是曉得終點線的位置。」這正是完全投入！

看看烏龜吧，牠只會在把頭伸出來後才會向前走。

科南特（James B. Conant）

使徒保羅寫信給腓立比教會說：「弟兄們，我不是以為自己已經得著了；我只有一件事，就是忘記背後，努力面前的，向著標竿直跑，要得上帝在基督耶穌裏從上面召我來得的獎賞。」（腓三 13～14）

保羅所說的正是完全投入。要做到完全投入，我們需要忘記背後並向前看，為得著將來的獎賞而努力。

為甚麼完全投入的特質是重要的

你可以想像假如所有美國的已婚夫婦都全情地投入他們的婚姻，這將會是怎樣嗎？至少離婚法庭的未來及專門辦理離婚的律師的事業要受到威脅了。

你可以想像，如果每個美國公民都完全投入去實踐「誠實」二字，全美國的文化、風俗會是如何嗎？我們的美國警方大可能要大批警員放長假，而不是要再去聘請多十萬名新警員。

你可以想像如果全國各學校的各級學生——由小學一年級學生至唸研究院的學生——都全情投入於他們的學業會是如何嗎？相信我們美國就會更接近擁有富有才華的一代，而且我們的下一代肯定是更有自信、更能幹的一代人。

全情投入會提升生活水平，全情投入就是每個有價值的、成就的人做事時背後的推動力。試想像一下，如果我們事事聽憑別人的批評，而不是全情投入地去達成我們的目標，那將會是如此：

- 美國專利局（United States Patent Office）局長在一八九九年說過：「一切可以發明出來的東西全都被人發明了。」
- 英格蘭皇家學會（England's Royal Society）會長在一八八五年說過：「比空氣還要重的飛行機器是不可能存在的。」我估計賴特（Wright）兄弟沒有聽聞這番說話。
- 斯皮克（Tris Speaker；譯按：美國波士頓紅襪隊的職業棒球手）對隊友魯思（Babe Ruth；譯按：魯思於一九二〇至三〇年代帶領美國職業棒球隊紐約洋基取得多次世界大賽冠軍，個人亦創造了多項擊球手全壘打記錄）說，魯思放棄當投球手而專注成為擊球手是很大的錯誤。
- 迪士尼（Walt Disney）在獲得貸款在加州建造他的遊樂園之前，他的貸款申請先後被四百〇二間銀行拒絕。

最後一項事件真的令人振奮，你能想像迪士尼在遭到這麼多次拒絕後，怎樣仍然能全情投入於他所憧憬的主題公園嗎？正正就如我們所說，全情投入正是每個有價值的、成就的人做事時背後的推動力。

如何培養子女做事全情投入的習慣

對培育孩子養成做事全情投入有強大破壞力的，就是圍繞著這一句：「將來某天我就會……」

這句話代表著懶惰的空想，而很少會有實際的行動。大部分有好的意念的人都會說這句說話。但是，要教曉子女做事全情投入的藝術，我們就要在「將來某天我就會……」的白日夢以外再踏前一步，我們要開始當下就為自己的夢想而活。為此，我們要留意以下幾點。

避免藉口。勵志演說家兼作家齊格勒（Zig Ziglar）說過一個男人向隔壁商借割草機的故事。那鄰居對男人說，因為來往紐約（New York）與洛杉磯的航班取消了，所以男人不可以使用他的割草機。男人就問他，來往紐約與洛杉磯的航班取消了跟借割草機有甚麼關係？

「一點關係都沒有。」鄰居回答：「不過我不想借割草機給你的話，一個藉口就夠了，不需要多一個。」

漫無目的使人墮進地獄，一直掌舵才可找到往天堂的方向。

蕭伯納（George Bernard Shaw）

有些人日復一日替自己找來一個又一個藉口，他們總會為自己找來避免為目標付出的理由。如果你希望你的子女能夠避免給予自己藉口的試探，你就得留神自己有否給自己藉口了，因為你的子女可能會依樣葫蘆。這樣的個人特質可以是耳濡目

染下習來的，也可以是受教導而學得的。

然後，你就要幫助你的子女有勇氣去越過給自己藉口的試探。

訂立目標。若然你是認真地要促使你的子女做事全情投入，你就要協助他／她訂立目標。當然，這些目標一定要符合子女的年紀，以及是他們可以達成的。不要害怕這樣做不適合年幼的子女。即使是三歲孩子也能夠從一個簡單的短期目標裏得益——例如他的目標可以是在觀看恐龍仔班尼（Barney）卡通片前，要先收拾好玩具。

當子女成熟時，可以訂立長遠且需要勞動的目標。記住，每當你的子女完成一個目標，你就一定要為他／她的努力給予他／她相應的獎勵。而這項獎勵最好是你子女自己選擇的。例如是為了想要的那部單車而儲蓄金錢，子女心中有了這部單車作為目標，使用金錢的時候就會先權衡輕重再作決定。他／她是否真的很想要那條看似美味的糖果條，還是他／她先把錢存下來以備購買單車？子女訂立了目標之後，要作類似的決定時，就會學習去忠於自己的目標。

看到別人正在做你說是「不能為」的事情時，不要妨礙人家。

中國諺語

要堅持不懈。如果人沒有為實現目標而堅持努力，世上的一切目標都會只是空談。心理分析學家斯特恩（Aaron Stern）

在他那很有公信力的《自戀的美國人》(*Me: The Narcissistic American*)一書裏，一語中的地寫道：「要成為情感成熟的人，我們每一個人都要學習發展……為了長遠的目標而不去急於滿足自己即時慾望的忍耐能力。」在記住這一點的同時，你可以重看這本書的第三章——關於不急於滿足自己——這種特質跟做事全情投入有很大的關係。

我們可以要求子女去堅持做好要做的任務，以幫助他們發展堅持不懈這一項特質。例如：十七歲的尼科爾(Nicole)覺得堅持做好要做的事情很困難，每當要做的事情變得困難，她便很想放棄。你也可以猜到，尼科爾不願意為實現自己的夢想而付出必須的努力，致令她成績不好、有一堆未能做完的任務，及一堆未能實現的夢想。她還未學會要有收穫就必須要付出。

尼科爾的父母現正與她一同行動，協助她去完成一個個的小目標——例如閱讀。尼科爾的美國文學科唸得很差，因為每當她覺得這一科很悶又或者課文讀起來有點吃力，她就不再留神，不再試著讀下去了。尼科爾的父母正教導她訂立目標，來協助她學習習中精神閱讀——例如尼科爾可從頭到尾看完了一本簡單的書，就可以得到獎勵。

有時候，尼科爾會因為覺得這份獎勵並不值得她去付出努力而中途放棄。這時候，尼科爾的父母就要以老一套的父母權威介入，並訂立規矩，如果尼科爾不完成手上要做的任務，她就不會獲得優待(例如是不准跟男朋友談電話)直至她完成手上的任務為止。隨著尼科爾練習堅持不懈並習慣了完成工作，她就增進了「堅持的耐力」，好比一個運動員在不斷練習之中增進耐力一樣。這種耐力可以促使她增進做事的投入感。

具前瞻性。做人被動很容易——生活中只須單單對外來壓力作出反應就是了。就像一個乘客身處在一輛巴士上，在崎嶇不平的路上行走一樣，我們只需以看沿路風景的心態去看待我們身邊所發生的事情。我們出席、休息，並容許外在環境決定我們的目標。我們大部分人會計劃一個聖誕派對，多於會去計劃我們的生活！

但一說到要培養全情投入的心態，就非採取主動不可了。漢考克（John Hancock）說：「所有有價值的人都有好的想法、好的主意、好的意圖，但他們之中，只有極少數的人才會把這些東西轉化為行動。」不採取行動就必定不能做到全情投入。

我們訂立目標後，一定要先計劃如何實現目標，才得以把一切付諸行動。我們要肯定我們的計劃是實際可行及可以達成的。

作出犧牲。要教導子女全情投入去做事，其中一個很有效的方法，就是讓子女看到你為了達成目標而作出的犧牲。例如，你所屬的教會為了興建新教堂而進行籌款活動，你就讓孩子看到你為教會的興建計劃在財政上作了甚麼犧牲。讓他們看到你為了省下金錢捐給教會的興建基金而少上一次餐館，也讓他們參與整個過程。讓他們尋找自己出一分力的方法，譬如說讓他們抽起幾個月的部分零用錢或不向父母要求獎勵，以求把那些錢都投放到教會的興建基金裏去。

不過你們要小心，不要以子女的內疚感去推動他們去做這些犧牲。要確定他們是以良好的心態為好的理由而做，而不是為了減輕內疚感而做。教導子女去看犧牲所換來的正面結果。以教會的建築費用這個例子來說，你們要引導子女去討論新建的教堂會為教會會眾聚會帶來甚麼好處。接著，就以個人層面而論，讓子女發現新教堂會為他們自己帶來甚麼好處——可能會有更好的主日學課室或更好的體育室，也有可能新的教堂會更加舒適，也有可能他們會因為有了新的燈光和音響設備而更加享受崇拜。

小組研習討論問題

- 舉出一個你認識的人，他/她在生命中某個領域全情投入的例子。他/她為甚麼會這麼投入？

- 要全情投入為人父母，要作出甚麼犧牲？

- 你希望你的子女在甚麼事情上全情投入？你可以怎樣令子女了解到你這個願望？

- 你能否想起你在甚麼時候曾經使用過藉口，最終沒有完成自己的目標嗎？

- 回憶你全情投入去做某些事（可能是結婚前全心全意地贏取你另一半的心）的時候——你的全情投入對你的行動有何影響？

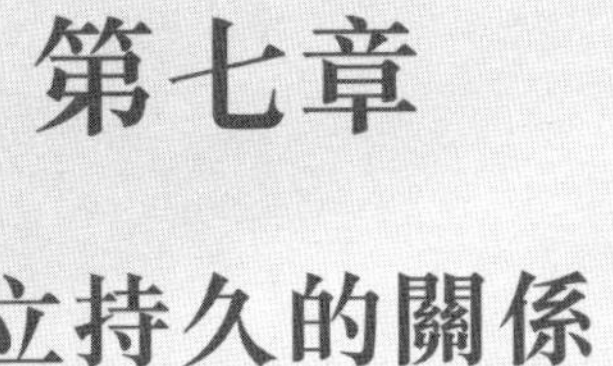

第七章

建立持久的關係

建立持久的關係

我們不可以單單只為自己而活，
各式各樣的性情把我們與同伴連繫在一起，
而在眾多的性情之中，我們的同情心是行動的起因，
而結果是我們回想起我們的同情心。
梅爾維爾（Herman Melville）

美國海軍上將伯德（Richard Byrd）在「一層疊一層的黑暗」之中存活了五個月，伯德上將在接近南極的羅斯冰棚（Rose Ice Barrier）上一個簡陋的帳篷裏居住，忍受著「地球表面最寒冷的寒冷」，整個南極地域都是在幾千英尺厚的冰上，再堆積著一堆堆粉狀的積雪，而這些積雪又在滑得可怕的冰面上移動。當地的氣溫降至零下八十度。時值四月中旬，但太陽卻埋藏於地平線之下，多個星期都沒有升起來。伯德上將正遭受凍傷、一氧化碳中毒、睡眠失調及營養失調之苦。

而伯德上將重回人類文明世界後，就寫了一本講述他在南

極的探索旅程的冒險日誌，這本日誌的書名強調的並非險峻的地勢、惡劣的天氣、危險、黑暗或是患病，而是要遠離其他人獨自生活的可怕——《獨自一人》(*Alone*)。

不過你不用去承受極寒冷的天氣，以感受只有獨自一人和被忽視的感覺。孤獨感在人口稠密和熙攘的社區裏很普遍。也是人類其中一種重大的、可持續的心靈壓力。因為這個緣故，建立持久的關係對於協助子女實現生命的目的是多麼重要。

「建立持久的關係」是甚麼意思

從孤獨那極度痛苦的經歷得到對「孤獨」的定義，比字典裏的定義來得更準確。那是一個小五學生等到最後才獲選中參加一場棒球比賽的感覺。那是生於一個吵鬧的家，沒有聽家人説過一句肯定自己的話的感覺。那是去了一個擠滿人羣的商場買東西，渴望分享這次體驗卻**無人**可以分享的感覺。

要強調懂得建立持久的關係的重要性。試想想最近一個訪問了四萬個不同年齡人士的調查，調查發現有六成七的人都有感到孤獨的時候。另外，一項研究顯示，孤獨是全美國四分之一人口都有的嚴重個人問題。孤獨和被忽視的感覺像流行病那樣影響著數以百萬計美國人。今時今日的美國人，平均在一年之內遇到過的人的數目，已經相等於一百年前的美國人一生人之中遇到過的人的數目，然而今天的美國人卻更感孤獨。而這種孤獨的感覺，我們大可不必令我們或我們的子女感到的——只要我們學懂如何去建立可以持久的關係。

持久的關係是甚麼呢？持久的關係是與人聯繫時，傳達我們的語言，了解我們的心，及分享我們的激情。這些與人的關係不僅幫助我們逃離寂寞的孤苦，也幫助我們對身邊的人更好。

為甚麼「建立持久的關係」是重要的

一羣開創先河的研究人員，對於甚麼使人快樂這個千古之謎最近進行了研究。答案並不是你可能預期的那樣。高踞排行榜首的不是成功、好看的外表，或其他引人羨慕和妒忌的資產，而是關係，緊密的關係。擁有良好關係的人是最快樂的。

生命給予我們其中一項極美的酬勞就是，
任何人真誠地嘗試去幫助別人的同時，也必然會幫助了自己。

埃默森（Ralph Waldo Emerson）

理克（Rick）是一個高中二年級學生，他並沒有加入學校的足球隊，他父母也沒有計劃給他買輛汽車。他在班上既不是長得最好看，也不是最聰明的學生。但理克仍然快樂。理克的快樂祕訣是甚麼呢？理克發現了一個事實——很多不快樂的成年人都沒有學會的事實：建立一段美好的關係比做大部分其他的事情，更能令一個人在生活中感覺更好。

或者試想想其他例子。布魯克林區（Brooklyn）的古實（Chush），是一間照顧有學習困難學生的學校，學校的學生有些會一直留在古實接受教育，有些會中途轉到主流的傳統學校受教育。在古實學校一個籌款晚會上，有一個學生的父親發表了一篇令人難忘的演說。

讚美過學校和老師對學校的貢獻後，這個父親哭了出來：「在我兒子謝雅（Shaya）身上甚麼地方是完全的？上帝所造的一切都是完全的，但我的兒子不能像別的孩子一樣理解事物，也不能像別的孩子那樣記得事實和數字。上帝的完全在哪裏？」

在場的觀眾都對這個問題感到震驚，深深感受到這個父親為有學習困難的兒子而痛苦，也因為他打動人心的問題而沉默起來。

「我相信，」這個父親自行回答說：「每當上帝把這樣的一個孩子帶來這個世界，上帝是在人們對這樣的孩子的反應當中尋找完全。」

接著他就開始講述發生在他兒子謝雅身上的一件令人震驚事：一天下午，謝雅和父親路過一個公園，一羣謝雅認識的男孩正在公園裏打棒球。謝雅問父親：「你認為他們會讓我加入嗎？」

謝雅的父親知道謝雅身手並不敏捷，所以大部分的男孩子都不會讓他加入自己的球隊。不過謝雅的父親也明白到如果謝雅可以獲得打球的機會，謝雅就會得到很大的羣體歸屬感，於是他走近其中一個男孩，問他們謝雅可否加入他們那隊？那個男孩回頭看著隊友，希望徵詢他們，但沒有人回應。於是男孩就自行下決定說：「我們現在落後了六分，現在比賽正在進行第八局，我猜他可以加入我隊，我們會嘗試在第九局讓他擊球。」

看到謝雅笑得燦爛，謝雅的父親大喜，謝雅的隊友讓謝雅戴上手套，擔當中外野手，在第八局接近尾聲時，謝雅那隊追回了幾分，但依然落後三分。在第九局接近尾聲時，謝雅那隊又再得分了。這個時候，兩個外野手和守壘者都承載著再多得一分就可以贏的重任，而謝雅也按照原定安排進入內野。他的隊友會否放棄贏得球賽的機會，真的如先前所言那樣讓謝雅充當擊球手呢？

令人意外的是，他們真的讓謝雅擊球。人人都知道此刻謝雅那隊難以勝出，因為謝雅連握擊球棒都不懂。不過，謝雅一踏入本壘，友隊的投手就踏前了幾步，他輕輕地緩慢地投球，好讓謝雅的擊球棒至少也可以碰一碰球。第一下投球來到，謝雅笨拙地揮擊球棒，未能擊中。謝雅其中一個隊友走近他，跟他一起握擊球棒，並面向投手，迎接第二下投球。投手又再踏前了幾步，把球輕輕拋向謝雅。第二下投球來到，謝雅就和隊友一起揮擊球棒，打了一個慢慢地滾向投手的滾地球。

投手把滾地球拾起，他可以很輕易地把這個球拋向守壘者，這樣謝雅就會出局，比賽也會結束。但是，投手他拿起球，把球高高的拋向右野，使球離得守壘者遠遠的。每個人都開始喊道：「謝雅！跑去第一壘！」

謝雅一生都從未跑過第一壘，他驚訝地瞪大雙眼，蹦蹦跳跳地沿著球場界線開始跑。他到達第一壘時，友隊的右外野手已經接到了球，他大可以把手上的球拋向第二疊，使還在跑壘的謝雅出局，但他明白到己方投手的用意，於是反而把球拋到遠高於守第三壘的男孩的頭。每個人都大叫：「跑去第二壘！跑去第二壘！」

謝雅跑向第二壘的同時，那些跑得比他快的男孩已經跑遍了所有的壘回到本壘了。謝雅到達二壘時，友隊的游擊手跑到他那裏，把謝雅轉向第三壘的方向，又喊道：「跑第三壘！」

謝雅到達第三壘，兩隊的男孩都跑到他身後，尖聲叫道：「謝雅，跑回本壘！」謝雅跑到本壘，踏入本壘範圍，全部十八個男孩（譯按：一隊棒球隊有九個人，兩隊共十八人）把謝雅抬到他們的肩膀上，宣佈他是這場比賽的英雄——謝雅打了一個「滿貫全壘打」，為球隊贏了比賽。

「那一天，」謝雅的父親輕輕地說，淚水已滾滾而下：「那十八個男孩達到了上帝的完全的標準。」

我很喜歡這個故事，因為它展示了一羣男孩把一個人放在他們想贏得球賽的目標之前。而如果我們希望跟別人建立持久的關係，我們也得如此。我們也必須願意把別人放在我們的安排、計劃之前。我們願意重視那個人，並讓那個人知道我們重視他的話，我們就會找到無價的瑰寶——愛。

如何培養子女建立持久的關係的能力

你可以為建立良好的關係做些甚麼？老實說，答案是「不是很多」，你不可以**製造**大量培植健康的關係，技巧是不管用的，真正的關係是由人的**為人**本身引起的。所以本章我們的焦點是培養與人相處的性格特質，而不是培養與人相處的技巧，目的是協助你的子女去識別他們在與別人的關係之中是**甚麼人**，而不是他們要**做**些甚麼。

生命裏最持續不斷而又最迫切的問題是：

你正在為別人做甚麼？

馬丁・路德・金（Martin Luther King, Jr.）

成為聆聽別人的人。當一個人能夠聆聽，並且明白另一個人說甚麼，好的關係就得以發展。如果我們不去準確聆聽別人所說的話，我們就不能夠跟這人建立良好的關係。幫助你的子女成為願意花時間去聆聽別人說話的人；教導他們跟別人溝通的時候不要打斷別人的話，不要在別人話未說完便下結論。向他們示範，如何耐心地讓別人說出心中所想。你的子女日漸成熟的時候，教導他們像鏡子般反映別人的說話——他們可以用「我聽到你說……」之類的說話去反映別人所說的信息，這樣就可以令那人知道你的子女是真心願意了解他的，進而建立可持久的關係的奇迹。

成為能夠給予安全感的人。親近的關係建基於安全感。如果人家與你共處時感覺不到安全感，他／她是絕對不可能會對你敞開心扉的。在一段關係裏面，安全感的構成有幾項要素，其中一項就是接納。我們的朋友需要時常都感受到我們的接納，即使是他們做了錯事、說錯了話，我們都一定要讓他們知道我們友愛他們、接納他們。我們的子女會以我們的愛為榜樣，那愛是愛他們本人，而不是因為他們**做**了甚麼而愛。

要在一段關係裏建立安全感，我們也必須要守承諾。當然，這種人格特質由耳濡目染比由刻意教導來得好。你的子女需要的是看到你一生人都在遵守承諾。答應了你的子女做甚麼，你就要去做。答應了保守祕密，你也得保守到底。你贏得了你子女的信任的同時，你的子女也會成為守承諾的人，由此，他們也能夠建立可持久的關係了。

成為樂意助人的人。在美滿的關係裏，人們不但彼此享有安全感，還享受互相幫助。有時這樣的幫助是有形的，就好像協助你的子女完成家課；有時是無形的，就好像你在測驗舉行前對子女準備測驗的努力加以肯定。重點是你的子女需要學習自願去幫助他人，而不是迫不得已才去幫忙。而這一課的學習是可以比你所想的來得更早。

親密關係不能取代人生的計劃，

但要得到生存的能力和意義，

人生的計劃裏一定要有親密關係。

利恩勒（Harrit Leaner**）**

看看以下《今日美國》（*USA Today*）外國新聞版編輯凱利（Jack Kelley）在基督教福音派出版協會（Evangelical Press Association）的一次全體大會上對一羣基督教雜誌編輯所說的故事：

「我們身在東非（East Africa）國家索馬里（Somalia）的首都摩加迪沙（Mogadishu），當地正鬧饑荒，我們走進一條村，看見村裏的人都死掉了，心裏很不好過。我們看見一個小男孩，從外觀可以確定這男孩感染了寄生蟲且營養不良。我們的攝影師給了這男孩一個西柚，但男孩太虛弱了，虛弱得拿不起這個西柚，於是我們把西柚切了一半再給他。男孩拾起西柚，像說謝謝似的看著我們，然後步行回到他住的那條村。我們在他身後行，他看不見我們在那裏。他一踏進村口，就看見一個在我看來已經死掉的小男孩，小男孩完全是目光呆滯，原來是男孩的弟弟。男孩坐在弟弟的身邊，咬了一片西柚並且咀嚼，然後張開弟弟的口，把嚼好的西柚放進去，又挪動弟弟的下巴助他咀嚼。我們得悉，男孩這樣去餵他弟弟已經餵了兩星期。幾天後，身為哥哥的男孩因營養不良去世了，但他弟弟卻活了下來。我記得當晚駕車回住處時想著，**這會不會正是耶穌說『為別人犧牲自己的性命，人間的愛沒有比這更偉大的』這句話的意思。**」

當兩個孤獨的人互相保護、

互相觸動、互相接受的時候，愛就存在了。

理爾克（Rainer Maria Rilke）

無論我們給別人的幫助是救人一命、協助他人節省時間、

還是在別人沮喪的時候給予幫助，協助他人的需要都會為我們帶來快樂。我們可以教導子女不僅要在別人需要幫助時動手幫忙，還要主動尋找幫助別人的辦法。

設身處地站在別人的角度去想。要建立良好的關係，你一定要學懂在別人的角度看世界，這在心理學上稱為「同理心」。我們擁有同理心的話，就可以解開很多本來不被了解的謎團。當我們設身處地站在別人的角度去想的時候，我們就會開始明白別人可能會有的行動、感受、想法背後的原因。當然，同理心並不是自然形成的，要促使子女養成以同理心看待別人的習慣，你就要啟發他們去思考別人在不同的景況下會有何想法、有何感受。例如，你的子女向你投訴同學在學校的行為時，你可以問：「你想他/她為甚麼會這樣做嗎？」你的子女可能這樣回答：「我覺得他/她這樣抓狂，是因為我當時正在跟他/她的女/男朋友說話。」

「嗯……你覺得如果他/她一直跟你的女/男朋友說話，你會覺得怎樣？」你可以這樣提問：「你會妒忌嗎？」

「不會，換了我是他/她，我會知道我並沒有搶他/她女/男朋友的意思。」你的子女大概會這樣說。

那你就可以說：「害怕失去自己的男/女朋友的感覺一定是很難受的了。」這樣就可以促使你的子女去思考人們在其行動背後的原因。又或者，你可以在子女抱怨別人時說：「這個人平常是不是這樣的？或是說，你覺得他有甚麼不妥呢？他/她好像要下一些艱難的決定或做甚麼似的？」

這些提問可以促使你的子女以別人的眼睛看世界。要以別人的角度看世界是需要決心和努力的。但是以同理心所帶來的相關好處來說，這決心和努力是值得的。

人與人之間的關係總會幫助我們繼續走下去，

因為人與人之間的關係總是會展望將來。

卡繆（Albert Camus）

成為經得起風浪的人。幾乎每一段良好的關係都會經歷一個臨界點，這個臨界點就是關係裏面的雙方都覺得他們是時候放棄或放下彼此之間的關係了，這是一段關係裏面可怕的階段。這通常表明了我們要從裏到外談談我們的真正感受、我們的愛惡、我們的好壞。這是抱怨和發牢騷，控訴和指責的時候。

我們可以透過言行去教導子女不要放棄不夠完美的友誼。子女長大成人後在不同程度上都會習慣如此對待友誼，但是，他們眼見父母親即使在困難的時候，都仍然堅持維繫友情的話，就可以開始這方面的學習。子女會學懂，只要堅持不懈，就會得到更為真誠、更為可靠的關係。要令彼此之間更為深交，在衝突之中堅持忍耐是必須的代價。

小組研習討論問題

- 説一下你一個親密的朋友，甚麼使你們兩人的關係如此親密呢？

- 友誼偶爾都會有備受考驗的時候，我們怎樣在面對棘手的考驗時，不讓友誼瓦解？
- 試想一下一個你相識多年的好友，為甚麼你們的友誼能夠維持這麼久？
- 你可以怎樣協助子女去建立友誼？
- 怎樣的毀滅性時刻，才會令一段友誼不得不終止？

第八章

預期你自己的苦難

預期你自己的苦難

世上充滿了苦難，
但也同時充滿了能夠勝過苦難的人。
海倫·凱勒（Helen Keller）

一九三九年，一場毀滅性大火摧毀了奧利弗學院（Olivet College）的本部大樓，我（老萊斯利）的爸爸當時是該學院的院長，他跟學院理事會的董事一同計劃把校舍遷到伊利諾伊州的坎卡基縣（Kankakee），當地距離伊利諾伊州的喬治鎮（Georgetown）以北接近一百英里，他們選擇把學院遷到當地，是因為該區對學生來說有更好的就業機會，而且那裏又有美觀的大樓隨時可以使用。但此次搬遷卻觸怒了一些喬治鎮的居民，特別是那些已經在當地置業的人。緊張的局勢就像火山的壓力一樣不斷上升，隨時爆發。

火山終在一天晚上爆發，當時是晚間較早的時候，學院的警備員叫了爸爸到前門去，然後被動地手握警棍站在那裏，突然有個男人在黑暗之中冒出，打了爸爸一拳。赤著腳又只穿睡衣的爸爸被這一拳打得眼鏡破了，看不見東西。爸爸被人狠狠地打了一頓，直至當時只有十五歲的我一面尖叫，一面拿著一枝左輪手槍奔過來，他才罷了手，而當時我和那人都不知道我手上的手槍是沒有子彈的。

媽媽用暖水和毛巾替爸爸擦去臉上的血迹。身為子女的我們害怕生命受到威脅，家裏所有人都徹夜未眠。那警備員向當地警長報告這件事，警長拘捕肇事者，但我們的鄰居（本身也是學院的教員）卻擔保了他出來。第二天早上，前一晚發生的打鬥事件傳遍整個小社區，反對學院搬到喬治鎮的人感到高興，爸爸的支持者對事件則感到憤怒。

有一個字把我們從生命的重擔及痛苦之中解救出來，

那就是「愛」。

索福克勒斯（Sophocles）

我目睹很多人經歷自己個人的苦難，但都不及我眼見爸爸這一次的經歷那麼令我印象深刻。首先，爸爸拒絕控告那個打傷他的人。我記得他這樣解釋給我們全家的人聽：「坐牢或者罰款都不會改變他和他的支持者的感覺。我要做的是盡我最大努力去保護你們每一個，然後繼續朝著把奧利弗學院遷往坎卡基縣的目標而努力。」

爸爸始終沒有向這個敵對他的人作出反擊，即使在法律上他有權這樣做。我不知道爸爸有沒有為這件事而發洩過憤怒，但至少我在場的時候，他沒有說過半句造成他身上痛楚的人的壞話。

雖然這並非爸爸所經歷的最後一次苦難，但卻是我最難忘的。我常常在面對自己生命中的困難時，反思爸爸這一次的經歷，將之視作模範。而自從這一次以後，我就開始相信如何處理個人的苦難，是爸爸傳授給我和兄弟姊妹的一種重要的能力，而這也是我著意要傳授給我兒子的能力。

你可能不希望想到會有甚麼悲劇或可怕的經歷降臨在你的子女身上，但你可以確信的，是將來某一天你的子女會經歷他們個人的苦難——一些你和你的子女都無法預測的事物，使他們措手不及。你的子女的性格足以衡量他們對苦難的反應。所以，在你為子女的未來埋下種子的時候，不要忽略培養孩子處理個人苦難的能力。

「預期你自己的苦難」是甚麼意思

那一天已經很晚了——當耶穌與門徒共進了最後的晚餐、吹熄了蠟燭、在黑暗之中穿起出門的衣服的時候，有可能是大約晚上十一時了。門徒用一把鐵造的鑰匙鎖好了門，把鑰匙還給房屋的主人。耶穌和門徒走進耶路撒冷狹窄的街道，拖著腳步走過圓石路，向聖殿東門走去。

他們沿著陡峭的斜坡由聖殿東門走到汲淪溪，他們走過淺淺的溪水，走上溪流另一邊的山坡。很快他們就到達一個原是橄欖樹叢的地方，他們停下腳步，耶穌對同行的其中八人説：「我到那邊去，你們留在這裏看守。」

接著耶穌帶著三個他最信任的朋友——彼得、雅各和約翰一同走進樹叢，但很快祂又停下了腳步，對他們説：「你們留在這裏看守，我到那邊禱告。」耶穌很可能是在巴勒斯坦的其中一塊大磐石旁邊跪下禱告。也許這塊大磐石給予了耶穌不受干擾的空間，去面對祂一生之中惟一最困難的經歷。

我見過描繪耶穌在客西馬尼禱告的油畫，畫中的耶穌看來很平靜。但根本就不是這樣。耶穌向前仆倒，俯伏在地，耶穌精神上及情感上受到很大壓力，使祂全身發汗。祂的額頭上混著血和汗水，痛苦地呻吟，如同一個遭受感情上痛苦的人般扭動身體，打從靈魂深處呼叫：「阿爸！父啊！在祢凡事都能；倘若可行，求祢將這杯撤去。然而，不要從我的意思，只要從祢的意思。」

耶穌第一次禱告後起身，沿著原路回到祂最好的朋友那裏，但他們睡著了，耶穌搖醒他們，哀怨地説道：「你們不能跟我一起警醒片刻嗎？」

耶穌又再回去禱告，一小時後又再回到門徒那裏。第二次，門徒又睡著了，沒有警醒看守。第三次，耶穌作了一次深入、自省的禱告後，最後一次回到門徒那裏，但卻看見他們還在睡覺。接著耶穌看到很多由火把而來的火光，顯示一大羣聖殿的守衞正舉著火把，穿過橄欖樹叢朝著祂而來，帶領這羣人的就是十二門徒之一的猶大。

這時門徒終於完全醒過來了。他們每人都有不同的反應。彼得看來很憤怒。始終，他覺得自己讓耶穌失望了。他拔劍出鞘，舉劍向一個大祭司僕人的頭上砍去，嗖！這一擊原是致命的，但那僕人大概是先瞥見了彼得舉起那把劍而低下了頭，彼得這一劍僅削去了僕人的耳朵，幸運的不用成為殺人兇手。耶穌責備彼得，命他把劍放下，又替那個僕人把耳朵接駁回去。

耶穌在客西馬尼的故事並沒有好的結局。沒有奇迹使祂免於受難，耶穌也沒有像電視劇《與天使有約》（*Touched By An Angel*）裏的人那樣得到天使的幫助。那些羅馬士兵沒有絲毫的仁慈，他們就像對待普通罪犯那樣用鎖鏈綁起耶穌。他們讓耶穌去受不合法的審判，最終讓祂被釘上十字架而死。

以上是一個典型的遭受苦難的故事，我們每個人經歷個人的苦難時必然經過類似的過程。當苦難來臨或將會來臨的時候，我們可以基於耶穌所經歷過的，來預料這個苦難將會是如何。

苦難的開始，通常都是發生在我們所熟悉的地方，正如猶大深知在哪裏可以找到耶穌。我們個人的苦難有可能發生在我們經常做崇拜的地方。例如當我們要求一個屬靈領袖放下他/她的屬靈原則去妥協時，屬靈領袖就會深受煎熬。

又或者這些苦難發生在我們家中。為了象徵性的三十塊銀幣，哥哥攻擊弟弟。父或母的偏愛也造成了家庭不和，造成雅各和以掃之間的裂痕——為了一碗紅豆湯，以及為了爭相得到年老的父親的祝福。

痛苦是無可避免的，受苦是可以避免的。

無名氏

在我們的個人苦難裏，我們都很有可能會找到一個「猶大」。猶大即是為了自己的目的就可以出賣朋友的人。猶大通常就是我們所信賴的人。現代猶大在不同環境下出賣朋友、親人的故事，幾乎天天都可以在報紙裏找到。為了錢，現代猶大出賣政府機密；為了錢，辦理離婚手續可以變成相互惡意攻擊的法律訴訟。你所遇上的猶大可能是與你一起生活的人，可能是與你一起工作的人，也可能是與你一起上教會的人。不過肯定的事實是——在某處地方，猶大正等著在你的苦難之中出賣你。

最後，在你經歷個人苦難期間，你最好的朋友總是去了睡覺或不在你身邊。你最需要他們的時候，他們就好像電話都斷了線那樣。不可思議的是，他們連電郵帳戶也失靈了。你傳呼他們，他們忘了回覆你。他們會失去蹤影，他們會計劃自己的生活，彷彿你從來不曾存在那樣。而你就只有獨自一人去面對你的苦難，向上帝呼求憐憫和解救。

為甚麼「預期你自己的苦難」是重要的

我們通常都會覺得個人的苦難應該在年紀較大的時候發生，不會在我們童年時代出現。感恩的是，很多孩子都能夠免於孤獨地承受看不見的心靈創傷。但也有很多很多的孩子在年紀尚幼的時候已經經歷他們個人的苦難了。去問問數以百萬計親眼看著父母離婚的孩子，或者去問問數以百萬計受到成年人虐待及語言暴力的孩子吧。也別忘了那些因為毫無因由地被同學孤立而默默在心中淌淚的孩子。

我（萊斯三世）最早經歷的苦難就是我小學二年級時要留級——或者按我同班同學的說法，是「過不了」小學二年級。我的問題在於閱讀，每當其他同學順利地翻過書頁去「追看故事發展」的時候，我就連分辨書本上的字母都覺得困難。

我記得有一天，有個專家在閱讀課上叫我出去一趟，又讓我進行一些測試，診斷我有閱讀障礙（dyslexia）。這個診斷不大合適，我既不是把文字倒了過來閱讀，亦並非在閱讀的時候覺得書上的字句好像溜出了書頁以外。不過，我還是感到閱讀很困難。所以，我所有的朋友都升讀了三年級的時候，我還在重讀二年級。

留級並不是惟一令我感到傷心的事情，留級的這一年內發生的事情也令我在情感上受到傷害。譬如，其他同學都在放小息的時候，我要見專責教我閱讀的輔助教師。而且，我每星期都要見兩次另一位專門協助閱讀障礙學生的專家，他們把注意力都集中在我的閱讀問題上，令我開始覺得自己是有缺陷的、愚笨的，甚至是正如班上一個同學叫我的花名——是「弱智兒」。

我的家人證實，當時我開始在家中大發脾氣，我二年級時「大發脾氣」得非常嚴重 —— 不是一般孩子跳上跳下、尖叫的鬧脾氣，而是在家中牆上亂塗亂畫以及踢家人的小腿內側等等。

我永遠都不會忘記爸爸就我當時的行為，與我坐下來傾談。爸爸這樣做的目的並非為了懲罰我，而是為了了解我。爸爸確實沒有責罵我，我把對於閱讀困難的感受告訴爸爸，又對他說了其他同學怎樣說我。爸爸沒有責打，他只是說：「你在這兒等一等，我想跟家裏其他人談一談，馬上就會回來。」

幾分鐘後，爸爸回來對我說，我們全家一起出外吃雪糕吧。接著我們全家一同上了旅行汽車，我們的汽車駛出馬路往街上去了。看到街角有「停車」（STOP）字樣的路牌，哥哥羅傑（Roger）就著我把路牌上的字母唸出來。「… Ssss …… s？」他們一起鼓掌。「Tttt …… t？」他們又以掌聲鼓勵。我們的汽車經過街上一個又一個路牌，我一個又一個地嘗試唸出路牌上的字。每次我唸對了，家人就會加以讚賞。

你不需要去受苦以成為詩人，

青春期本身已經令任何人都受夠了苦。

查爾迪（John Ciardi）

閱讀障礙，你今天是不會知道它的存在。

我自己做研究需要看很多書籍，我有一個高至天花板的書櫃，裏面放滿了我貪婪地看過的書，我的書桌旁邊也有一個小書架，書架上的是我自己的著作。當然，説我最終都學會了閱讀沒有錯，但更重要的是，我認識到，在我遇上這困難的景況的時候，沒有了家人的幫助，整件事恐怕就要改寫。

如何培養子女這項特質

在約翰福音十六章33節裏，耶穌告訴我們在世上的苦難是不能避免的。與其努力令孩子的人生遠離痛苦，倒不如在危機來臨前，先為孩子打下堅實的基礎，才是更明智的做法。對此，我們有幾項建議。

培育孩子面對痛苦的態度。桑福德（Doris Sanford）在《幫助孩子度過艱難的時光》（*Helping Kids Through Tough Times*）一書中闡明：「有認識的人逝世後，孩子在情感上和靈性上都有成長，這是他們面對這份痛苦的結果，而非逃避它。」即使你的孩子仍未經歷過悲痛和不幸，你也可以尋找與孩子談論死亡或失去、失敗的機會。兒童書籍、電視節目，甚至是社會時事都可以為談論這些打開大門。透過討論，你讓孩子知道沒有事情是不可討論的。然後，當不幸臨到子女身上時，你早就已經開始預備了，讓他們以健康的態度去面對不幸。

用第三隻耳朵傾聽。我（萊斯三世）曾經與一個心理學家團隊合作到多間小學，去處理一九八六年挑戰者號（Challenger）穿梭機爆炸墜毀後，在小學生之中造成的事後餘波。我們其中一個目的就是教導同學，令人感到震驚的事情如何能夠令我們有更好的表現。

朋友，你想知道活著的藝術？

利用苦難的經歷吧。

埃米爾（Henri F. Amiel）

其實並不是需要一場國家級大災難去影響孩子在學校的專注力，只要對看似很小的情感波動，已經足以影響他們的表現了。你可能會對孩子因這種事情而覺得煩憂感到驚訝。留意孩子的非言語行為（他們是否在避免眼神接觸？），並在孩子說自己「沒甚麼」的時候，留意他們說話的語氣及隱藏的信息，他們可能正為了一個同學對他們的批評而意志消沉。這時候你說：「似乎你今天過得挺艱難啊。」你不用打探孩子的說話，這句話就可以對孩子起治療的作用，並促使孩子再次專注學業了。孩子知道自己獲得你的理解，就可以幫助他們在課堂上做得更好了。

不要試圖減輕子女的困苦。《花生漫畫》（*Peanuts*）的作者舒爾茨（Charles M. Schulz）於二〇〇〇年去世後，很多評論都說到他很能夠通過他筆下角色的經歷，刻劃出現實生活中的哀愁。實際上，不少對舒爾茨的分析指出，他所畫的每一個主要角色都在經歷著得不到回報的愛：布朗（Charlie Brown）與紅髮女孩（Little Red-Haired Girl）；露絲（Lucy）與謝勒德（Schroeder）；奈勒斯（Linus）與學校老師奧思默（Miss Othmar）；史路比（Snoopy）與那個把牠從聖餐枱上丟下來的角色。有些人說舒爾茨在他的漫畫裏注入了他一生人之中由童年就開始有的不安和憂鬱。

孩子對於「失去」的重視遠比我們想像中大得多。而有時孩子會為我們看來很小的事情而悲傷。回想一下我們童年時是怎樣的吧。在科學博覽會之中只能得第二名對大人來說沒甚麼大不了，甚至會覺得這已經很好了，但對某個覺得自己會贏得第一名的八歲孩子而言，可能就會像是世界末日一樣。寵物死亡往往是孩子第一次經歷的悲傷經驗。我們小小的孩子可以像舒爾茨那樣一直抓住這些感情上的傷痕及悲傷成長為成人。三十二歲的卡倫（Karen）已是兩子之母，卻仍然記得小學三年級的時候，她家的小貓要被人道毀滅，她現今憶述說：「我在獸醫診所裏崩潰了。我記得媽媽對我說會再買另一隻小貓，可是我很疼愛**那隻**小貓啊！」

給予一個情感安全網。三藩市（San Francisco）的金門大橋（Golden Gate Bridge）在首部分的施工過程中，有約莫二十人因從橋上跌下而死亡或重傷。最後要停止施工，並在這座大橋下安裝了大型的安全網，令從橋上跌下的人能夠因安全網而獲救。於是，在餘下的施工期內只有四人跌下大橋，安全網不但令工人施工時更安全，更令工人自信在施工期間不大可能會跌下大橋。

要保護孩子的自尊，父母可以令家成為一個安全的地方。父母的語氣可以建造或破壞孩子的心靈。即使當他們的成績退步，父母要做的是回應，而不是反應。正面的支持，不作任何挑剔，能增加孩子將來取得好成績的可能性。嚴責和批評孩子的成績差，並不會令他/她更用功學習。負面的指控會令成績更差。所以你可以為你的孩子建立一個情感的安全網。

幫助他們按財產目錄生活。巴理爾（Roger Barrier）牧師說他從來不知道任何他熟悉的人中，有誰是沒有對抗過一些有形或無形的殘障。生命中充滿著與生命競賽中獲得勝利的英雄，因為他們不會對障礙讓步。這種克服困難的決心，並非承傳自基因——而是來自教導。

巴士德（Louis Pasteur）於四十六歲時中了風，餘生都得與殘障搏鬥。失聰也不能使貝多芬（Beethoven）停止寫下一些極美妙的樂章。美國總統羅斯福（Franklin Roosevelt）對美國及全世界的影響，沒有因為他的小兒麻痺症而有所減少。克西（Joyner Kersey）在小兒麻痺症康復後，還是取得了奧運金牌。

那些默默無聞的英雄之中，有的勝過了其所受到的傷害，有的拒絕因能力限制而被看小——閱讀障礙、注意力不足過動症、身體免疫力差。這些人早早就學會了不要去跟別人比較。按巴理爾的說法，這些人是「不再是觀望商店櫥窗，而是按照自己擁有的財產目錄去生活」。

我們可以幫助子女明白，這些人雖然有殘障，但他們的生命路途仍然大放異彩。我們可以教導子女，不要著眼於他們做不到的事情，而要著眼於他們做得到的事情。

在不好的事情裏注意到好的一面。底特律（Detroits）體育專欄作家艾爾邦（Mitch Albom）聽說他二十年來沒有見過的、他最喜歡的大學教授史瓦茲（Morrie Schwartz））身患不治的葛雷克氏症（Lou Gehrig's Disease，又名肌萎縮性側索硬化症），即將會死去後，重新開展他與史瓦茲教授的友誼。在艾爾邦最為暢銷的《最後 14 堂星期二的課》(*Tuesdays with Morrie*，又名《相約星期二》)一書中，艾爾邦描述他每次探訪的情形，集中描寫老教授的機智風趣及洞察力。

有一次，兩人談天的時候艾爾邦問史瓦茲教授，為甚麼教授會覺得追看新聞會令自己不安，反正新聞所描述的事件發展是不會親眼看見的。史瓦茲教授的回應，對於同理心有著極深刻的理解，他說現在他更加接近那些承受苦難的人了。他說有一天晚上，他看電視新聞的時候，看到那些在波斯尼亞(Bosnia)的人，在橫過馬路時，被槍擊中命危，就不禁哭了起來。「我感受到他們的痛苦，就好像是我自己的痛苦一樣。」史瓦茲教授說：「我不認識這些人，但，怎麼說呢？我幾乎是一頭栽進他們裏面去了。」

同樣的道理幾乎適用於任何一個正在承受苦難的人，即使是孩子也一樣。承受苦難產生出謙卑、有同理心和憐憫的靈魂，也時常產生感恩的心。

小組研習討論問題

- 你曾否見證父母經歷過、度過了他們的苦難？

- 你能夠回想起生命裏經歷過的苦難嗎？這苦難對你的生命有甚麼長遠的影響？

- 談論一下不同的人在心靈困苦的時候會作出的不同反應。他們與主同行的過程中有甚麼事情發生了？
- 我們怎樣可以知道子女正在經歷苦難和困苦？
- 有甚麼實際的方法，可以給予子女情感安全網？

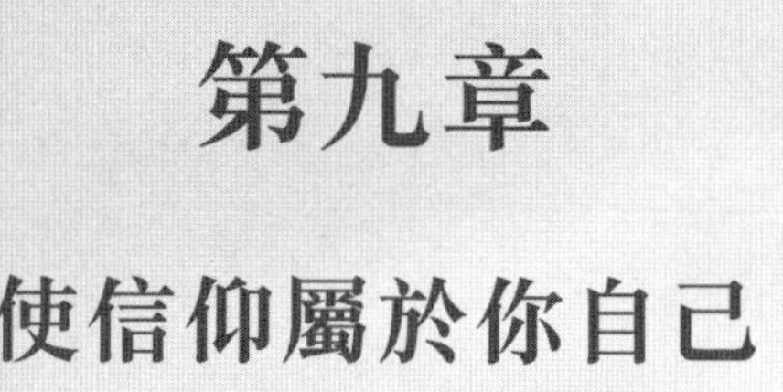

第九章

使信仰屬於你自己

使信仰屬於你自己

我尊重信仰，但懷疑卻可以給予你教育和訓練。

邁茲納（Wilson Mizner）

有記者問偉大的神學家巴特（Karl Barth）：「先生，你寫下了許多關於上帝的巨著；你是怎樣知道這些著作的內容都是真實的呢？」這位學識淵博的瑞士神學家回答說：「我母親告訴我。」

我（萊斯三世）正正知道巴特這句話的意思。我是一個基督信徒，是因為我成長於一個相信基督的家庭。我的信仰是繼承而來的。我在牧師的住所出生，而在我剛剛懂得吃加拿餅的時候，就受教導要相信上帝。有些孩子唱過這歌：「耶穌愛我，我知道，因有聖經告訴我。」我唱過的可能也相類似，不過是：「耶穌愛我，我知道，因有母親告訴我。」

相當值得注意的是，這份幼年受教得來的信仰至今仍然伴隨著我。雖然我現在已經比年幼時長高了三尺，又持有博士學位，擁有了自己的家庭，母親的家現時與我家相距千里，人和事都改變了很多，但我仍然保持著同樣的這仰——是這樣嗎？

孩童時期，我並沒有去仔細考慮那些接受或拒絕不同宗教信仰的證據。實際上，我甚至不知道有其他的宗教存在。不過，我那孩童時期短淺的目光最終被糾正過來。就如學會了有哪些説話是不會公開説出的那樣，我發現了原來不是每一個人都是信耶穌的。實際上，我在學校的朋友戈爾茨坦（Myron Goldstein）甚至從未聽説過耶穌。但我仍是保持了我的信仰。

在我進入了棘手的青春期時候，我仍然相信基督。我對自己有千千萬萬個疑惑，但我仍然堅守信仰。在朋輩壓力及青春期本能的反叛之下，這份信仰仍然保持了下來。從假日的查經班之中記誦下來的經文起了作用，我常常引用這些經文去提示自己，以抵擋「撒旦的火箭」。我的信仰得到了完全的保護，任何事物都不能動搖它。嗯，幾乎沒有。

在大學裏，我學習評估及探問。我的科學教授要求我徹底查探並進行實驗，我的英語老師要我評論伊麗莎白時期（Elizabethan）的詩歌，甚至我的高爾夫球教練也著我去試驗不同的打球技巧。幾乎在每一個領域裏我都得到鼓勵去詢問和分析。不能避免的是，我也會去評估我那繼承而來的信仰，以及從記憶而來的信仰答案。我還記得那個評估是怎樣開始的。

在大學的自助食堂內，身為大學二年級生的我忽然以一個新的角度去看平日的飯前禱告。這飯前禱告似乎是個馬虎的、沒有意義的儀式，是未經細察但卻持續不斷——甚至是必須要做的指定動作。我不明白為甚麼我會作這禱告。究竟是因為我由衷地為這一頓而感恩，還是我想要**表現得**感恩？我不知道。突然之間，我變得滿腹疑惑，身處疑惑之海。

孩童時被教導與信仰相關的表面行為，禱告、上教會、讀聖經、幫助有需要的人、上研經班、參與宣教——這些行為看似全是無意義的。它們就像是我背包裹的石頭，令我難以在海上漂浮。

在還沒有完全被疑惑淹沒之前，我承認我極為渴求疑惑的答案，並發現自己仍然握著最為沉重的石頭——內疚感。在極度痛苦的疑惑之中，我面對著感情上的巨人歌利亞。我對於自己懷疑對他人來說是有意義的事物，我感到內疚。我也對自己不去盲目地接受他人的答案感到內疚。

在這容易受傷的時刻，我記得我向一位主日學老師坦承我的疑惑，那位老師馬上給了我一本有基督信仰證據及解釋的厚書。這本書原應是一條救生索，但我覺得它像一個沉重的船錨。我愈來愈感到內疚，並繼續獨自忍受疑惑。

人生原是雋永和簡單的，

但社會給予我們的卻是膚淺和複雜。

羅傑斯（Fred Rogers）

我心中存有的並非「不信」或頑固的拒絕，而是疑惑——雖然全部都有已知的答案，但是誠實地承認心中仍然有相當重

大的疑問仍未解決。我原先表達清晰的那些禱告也縮減為簡單的:「為甚麼?」這個渴求答案的問題,就好像灑在我心中那團火上的滅火泡沫一樣。我問了一遍又一遍,但上帝仍然沉默。當我知道耶穌也曾經喊出同樣的問題時,我得到了安慰,也使我得以更加接近答案。

我不大肯定我活在疑惑的陰影下的時間有多長——可能是六個月左右吧。但在我孤獨地發問的途中,我領悟到自己並不是在尋求基督教信仰的解釋,而是在渴望屬於自己的信仰。

「使信仰屬於你自己」是甚麼意思

我幾乎可以明確指出這事是哪裏發生的。當時我正在駕車前往芝加哥奧黑爾國際機場(Chicago's O'Hare International Airport),爸爸公幹後回來,我高興地前往機場接他。小時候,爸爸幾乎每次從外地歸來都會給我帶來一份小禮物——來自首都華盛頓的模型飛機、來自洛杉磯的橙色條板箱、來自波士頓(Boston)的棒球帽。每次爸爸從公事包裏拿出一個小包裹的時候,都足以讓我興奮得如同上了太空——那是很久以前的事了。這回我沒有期待任何的紀念品。

我駕車駛過那經收割的二月的田野,我抑壓著想扭開收音機的衝動,利用這個機會去花幾分鐘與我所疑惑的那位獨一者(One)在一起。這聽起來並不是那麼稀奇的事,畢竟大部分時間裏,我都沒有真的懷疑過上帝的存在——甚至是基督教教義。我的疑問只是聖經、上帝的主權、復活和神蹟。但讓我最感到疑惑的是我的心。我對我行為背後的動機提出疑問。

我的禱告就如我先前所作數以百計的禱告一樣，充滿了這些問題：**為甚麼我會感到這麼空虛？為甚麼祢讓我感到如此遙遠？有時我覺得自己行動時像是個刻板的機械人一樣。對我來說，把事情做對似乎比做對的事情重要。我想要一顆純潔的心。上帝，為甚麼祢這麼沉默？**

混合著美好的回憶和輕聲的禱告中，我的信仰重現了。駕車駛過這州際公路五十五號的時候，我看不到神奇的異象，天空中沒有任何文字出現，只是發現自己在一面期待爸爸到來，一面哼著一首熟悉的詩歌：《我心靈得安寧》（*It Is Well With My Soul*）。

答案**是**完全的。疑惑曾經很快就把我信仰的意義淹沒了，但在這場奇怪的悖論之中，我誠實的發問容讓我抓到上帝的手，把我從淹沒的水中拉了上來。而當我發問的時候，祂就在那裏——祂沒有帶著救生索或救生衣，而是帶著一個活生生的救生員。這一刻，我了解到我需要的並不是答案，而是關係。正如我爸爸從外地回來時我需要的不是禮物一樣，我不需要上帝的答案，而是與上帝**同在**。

現在，我想我明白了上帝的沉默。上帝的沉默是一個機會，讓人在宗教議題上，注意信仰多於「阿們」。我與上帝同在的時間——例如駕車前往機場的時間——給了我空間，讓我看到信仰不只是**相信**上帝，更是與上帝**同在**。

疑惑除去了我童年時的信仰，而我卻為疑惑去感謝上帝，因為疑惑給了我信仰——屬於我自己的信仰。我開始明白到坦尼森（Tennyson）說這句話時的意思是甚麼：「在誠實的疑惑裏有著比基督信條更好的信仰。」疑惑吃掉了我較幼嫩的信仰，產生我更成熟的信仰。

為甚麼「使信仰屬於你自己」是重要的

太多時候我們都期待——尤其期待我們的子女——以純真的頭腦不斷地肯定信仰。我們對於心存疑惑的信徒感到擔心甚至憤慨，而忽視了信仰是因為疑惑而變得成熟的。我們忘記了，人如果沒有認真地去提問，就不會得著答案裏的豐富內涵和深度。事實上，對於那些經歷著誠實的不確定的人來說，我們試圖壓下他們的疑惑又鼓吹他們自我壓抑的話，就會對他們造成最大的破壞。鮑威爾對此解釋道：「壓下去的疑惑有很大的機會反彈回來，而將疑惑挖起，只會長出新的根來。」

信仰是心中的「肯定」，是使一個人甘願拿自己性命去冒險的信念。

馬丁・路德（Martin Luther）

雖然聖經對於不信作了強烈的警告，但在聖經裏我找不到有任何一段是叫我們不要苦於疑惑的。疑惑和信仰是可並立的。這看似奇怪，但疑惑不會危害信仰，更確切地說，疑惑可能是給空洞的信仰帶來生機的催化劑。

很明顯，這並不是說教會是以廣收心存疑惑的人為目標，而是意味著教會——以及父母——不必為信徒坦然承認心中疑惑而著急。教會和父母可以協助年輕的信徒去面對他們心中的疑惑，以幫助他們建立更為堅定的信仰。

如何培養孩子去建立自己的信仰

我們在本書各章所寫的，大多適合育有不同年齡的子女的父母，而本章則是專門為育有正在步向成年的子女的父母而寫，為了可能是第一次對自己父母的信仰提出疑問的年輕人而寫。以下是協助這些年輕人成功走過這些日子的建議。

選擇沒有偏見的立場。尼爾森（Joe Nielson）教授明白到這個道理。尼爾森教授在大學裏教我社會學。在學校午膳時間短短的一小時裏，我從尼爾森教授處學到的，比在一個學期內的一些課程裏所學到的還要多。尼爾森教授是一個有智慧的基督徒老師，他幫助我去辨別「疑惑」與「不信」的分別。「不信的人的特徵是頑固地拒絕、不順從以及叛逆，」教授告訴我：「另一方面，有疑惑的人的特徵是對真理的渴求。」

我仍然記得教授這樣說的時候，我那鬆了一口氣的感覺。他給了我誠實提問而又不必被內疚感打倒的空間。尼爾森教授明白到冷冰冰的批評只會使疼痛的心硬起來。

我現時在一間基督教大學擔任教授，在這裏，我每年都會遇見為數不少的學生在疑惑中掙扎，他們的掙扎比非理性的「應該」二字還要複雜——他們對於應該如何思想、感受、行動抱著內疚感。我經常為這些學生禱告，希望他們感受到我對他們的接納。我肯定當年尼爾森教授也曾為我如此禱告。

當我們感受到我們的子女正在面對他們對基督徒生活的疑惑，我們可以對他們保持耐性。很多時候父母在較年長子女有疑惑時都會傾向有些過分擔心，有時會恨不得直接介入，把子女的疑惑擦去。但是，為了讓子女發展自身的信仰，他們就得去打自己的屬靈戰爭。我們可以把子女交託在主的手中——祂對我們子女的愛絕不比我們少，然後不存偏見地從旁察看，隨時隨地為子女提供協助之餘，也要讓子女在自己的信仰戰爭之中自行搏鬥。

不要太快就提供答案。我已經學會，不要貿然去回答心存疑惑的人的提問，也不要把一大堆厚重的書籍塞給心存疑惑的人去代替回答問題。我看過很多次，疑惑的人問問題時，不一定是期待答案。

托尼（Tony）正是如此。托尼不久前來到我的辦公室，告訴我，在信仰生活中，在沒有人引用聖經去加以反駁的情況下提出問題是多麼有意義。「每當有人試圖解決我提出的問題，那種感覺就好像他們是在試圖防止受我的疑惑傳染一樣。」托尼告訴我說：「這令我更加感到孤單，所以只要知道別人在乎我有疑惑就夠了。」

托尼已經找到為心存疑惑的人去開啟全新信仰的鑰匙，正如尼爾森教授所說：「提問是天上那一位的存在的橋梁。」

我們的子女有時不需要我們回答他們的提問，只是需要我們讓他們發表問題，聽取我們的認同：「這問題問得好，這是關於上帝的其中一樣使人迷惑不解的事情。」

與上帝同行不單單是相信上帝存在，
更是因為相信上帝會信守祂的應許
而按著上帝的話去做人。
貝爾（Clayton Bell）

我們都知道「行動勝於語言」的西方俗語。普渡大學（Purdue University）最近一項研究顯示，當涉及到父母與子女間的信仰傳承時，語言與行動有著同等的力量。研究發現如果子女能夠完全明白父母的宗教信仰，就有更大機會去接受這份信仰了。研究員總結説：「我們發現子女對於父母的信仰把握得有多準確，是受父母所做的一切影響的。」研究員説這包括了父母花時間向孩子解釋其信仰，以及鼓勵孩子參與父母認為是支持自己信仰的活動。

怪不得摩西會命以色列人要在早上起牀後、日常工作完成後、晚上臨睡前都與子女談論上帝的誡命和良善（見申六章）。跟這句西方俗語相比，行動不一定是勝於語言的。

我們不可以假設子女在我們身邊，或跟我們一同上教會就能夠學懂我們的信仰。要培養子女的信仰，我們需要有意地告訴子女，我們對上帝的感受、想法及信仰。

協助他們集中於為正確的理由去做正確的事。一位年輕的牧師在一座大教堂內看見一個上帝的異象。他跑到主教那裏，上氣不接下氣地問：「我剛剛看見一個上帝的異象，上帝就在那根柱子後面，我們應該怎麼做？」

主教答道：「快點！裝作忙碌的樣子！」

你對於上帝曾否有同樣的感覺？有時我們走來走去，做各樣事情去取悅上帝——及其他人。但是，在精神健康及靈性上皆高分的人，他們做事的推動力是來自真誠的渴求和渴望，而非來自外在的報酬、內疚感或懼怕。

沒有經過試煉，就不會抱有信念。

洛里特斯（Crawford W Loritts Jr.）

艾略特（T. S. Eliot）在他的劇本《大教堂中的謀殺》（*Murder in the Cathedral*）裏寫道：「最後的誘惑是最大的背叛；以錯誤的理由去做正確的行動。」上帝不只想我們依祂的說話去做事，更想我們**渴望**依祂的說話去做事。撒母耳記上十六章 7 節說：「人是看外貌；耶和華是看內心。」耶穌說：「你們若**愛**我，就必遵守我的命令。」（約十四 15，黑體字是我強調的字）

要令真正的信仰成長起來，我們一定要學懂為正確的理由去做正確的事的重要性。而這也是我們可以促使子女集中注意的事。這種正直的培育減低我們的子女成為靈性上虛偽的人——即在我們面前做一套，在我們背後做另一套——的機會。

可以的話就轉換角色和立場。一天，受歡迎的兒童節目主持人羅傑斯身在加州，他決定去探望一個患有大腦麻痺（cerebral palsy）的少年。起初，少年一想到羅傑斯先生要去探望他就很緊張，少年的緊張程度是，到了羅傑斯先生真正探訪他的時候，他很生自己的氣，氣到開始打自己，迫得其母要把他帶到另一個房間去。羅傑斯耐心地等候少年。少年回來的時候，羅傑斯先生問他：「你可以為我做一些事嗎？」少年回答說可以，羅傑斯先生就解釋說：「我希望你可以為我禱告，你會為我禱告嗎？」

少年嚇了一跳，因為從來沒有人叫他做類似的事情。常常都是別人**為他**禱告。少年往日都是禱告的**對象**，而現在有人要求他為別人禱告。雖然開始時少年不肯定自己是否做得到，但少年說他會嘗試。從此，少年就常常在禱告中記念羅傑斯先生。以往少年常有輕生的念頭，但自從他為羅傑斯禱告後，就再也不說想死了，因為他覺得羅傑斯先生與上帝關係密切，而如果羅傑斯先生喜歡他的話，上帝也一定喜歡他。

有人問羅傑斯先生，是怎樣知道要說些甚麼才會使少年覺得舒服些。他回答道：「我沒有請他為**自己**禱告，我請他為**我**禱告。我這樣做，是因為我覺得任何一個能夠克服他遇到的那些挑戰的人，這人與上帝的關係一定很密切。我希望得到他為我**代禱**。」

當我們請子女在禱告中提起我們，要求子女與我們開始讀經計劃，並由我們向他們解釋經文的意義，或要求子女去做任何可以建立信仰的行動時，我們就是在確立子女的信仰了。每當我們要求子女去協助**我們**的靈命成長，能夠幫助的不但**是**我們靈命成長，還有子女的靈命成長，而且也會使整個家庭一起更加靠近上帝。

小組研習討論問題

- 你曾於何時「使信仰屬於你自己」?
- 你曾否面對過靈命裏的疑惑？當時你有何反應？你如何戰勝疑惑？
- 子女對與基督的關係不感興趣或公開反叛他們曾經持守的信仰時，我們應該怎樣做？
- 有甚麼事物會使子女無法擁有自己的信仰？
- 你可以做些甚麼實際可行的事情去培育孩子的信仰？

結語

麥克尼科爾（Bruce McNicol）和思羅爾（Bill Thrall）在《領袖的崛起》（*The Ascent of a Leader*）一書裏講述，一個女人夢見自己逛購物商場的時候，走進了一家店鋪，她發現耶穌站在櫃台後面。

耶穌說：「你可以要求任何你心裏想要的東西。」

女人吃了一驚，卻很高興。於是她要求耶穌給予平安、喜樂、幸福、智慧、免於恐懼的自由，又加上一句：「不光是給予我的，也是給予世上所有的人。」

耶穌笑了笑，說：「我想你誤會我的意思了，我們不賣果子，只賣種子。」

這個故事提醒我們，當涉及到養育孩子，培養孩子的素質，以令孩子達至我們希望他們該走的人生時，我們只能埋下種子。我們不能確保子女會使用這些種子，並結成我們所期望的果子。不過身為父母，我們能夠做的一切只有這些——這些已經足夠了。

真善美叢書

按照聖經教導，重尋人生真善美。

- 家庭系列

讓他走，該走的路——塑造孩子未來的九種性格特質
The Life You Want Your Kids to Live
萊斯·帕羅特三世(Les Parrott III)、老萊斯利·帕羅特(Les Parrott Sr.)著
陳翠婷 譯／HK$63

孩子如何栽培父母——逆轉角色的親職之旅
How Childern Raise Parents: The Art of Listening to Your Family
艾倫德(Dan B. Allender)著／陳永財 譯／HK$93

與孩子談信仰——一個八歲女童與神學家外祖父交換問答
Conversation with Poppi about God
羅伯·詹森(Robert W. Jenson)、索爾葦·高蒂(Solveig Lucia Gold)著／周翠珊 譯
HK$58

戀愛靈旅——給戀人的靈修書
Devotions for Dating Couples: Building a Foundation for Spiritual Intimacy
賓·楊(Ben Young)、撒母耳·亞當斯(Dr. Samuel Adams)著／明朗兒 譯／HK$68

婚姻靈旅——給愛主夫婦同心操練的十項挑戰
Marriage Spirituality
保羅·史蒂文斯(Paul Stevens)著／胡玉藩、伍美詩 譯／HK$63

愛能長久——重建婚姻關係
Strike the Original Match
司轀道(Charles R. Swindoll)著／曾淑儀 譯／HK$88

同床異夢——婚外情的轉機(增修版)
黃麗彰 著／HK$58

當我繼續走下去——喪偶或離婚後重新擁抱生命
From We to Me: Embracing Life Again After the Death or Divorce of a Spouse
蘇珊·索納貝爾提（Susan J. Zonnebelt-Smeenge）、羅伯特·德弗里斯（Robert C. De Vries）著／郭靈飛 譯／HK$78

• 女性系列

不必完美，仍能完全
Stronger Than You Think: Becoming Whole Without Having to be Perfect
金·蓋恩斯·埃克特（Kim Gaines Eckert）著／草木 譯／HK$108

誰叫我美麗——認識神眼中的你
Who Calls Me Beautiful?: Finding Our True Image in the Mirror of God
理賈娜·富蘭克林（Regina Franklin）著／郭靈飛 譯／HK$68

全然美麗——箴言三十一章的女性
Beautiful in God's Eyes
伊利莎伯·喬治（Elizabeth George）著／丘玉竹 譯／HK$88

路得的故事——女性生命中的 12 個關鍵時刻
The Story of Ruth: Twelve Moments in Every Woman's Life
卓滌娜（Joan D. Chittister）著／陳秋蓮 譯／HK$58

她們的改變——與跟隨耶穌的婦女相遇
The Magdalene Gospel: Meeting the Women Who Followed Jesus
阿什克羅夫特（Mary Allen Ashcroft）著／陳秋蓮 譯／HK$58

她們的聲音——再遇跟隨耶穌的婦女
Spirited Women: Encountering the First Women Believers
阿什克羅夫特（Mary Allen Ashcroft）著／陳秋蓮 譯／HK$63

• 其他

傾聽——讓聆聽觸摸生命

The Good Listener

詹姆士·沙利文（James E. Sullivan）著／陳玉儀 譯／ HK$68

對話靈程——真誠的信仰與生命成長之旅

邵樟平、尹妙珍 著／ HK$58

恰到好處——活出均衡靈命的美德

Living the Spiritually Balanced Life: Acquiring the Virtues You Admire

雷·安德森（Ray S. Anderson）著／陳永財 譯／ HK$63

讀者意見表

緊扣時代 服事教會

以文字傳揚基督真道

衷心多謝你購買本社書籍。本社一直致力以出版事工服事教會，幫助信徒扎根於神的話語，促進靈命增長。為使我們的出版更能滿足你的需要，請填寫下列各項資料，並寄回或傳真予本社。

所購書籍：＿＿＿＿＿＿＿＿＿＿＿＿＿＿＿＿＿＿＿＿

本書最吸引你的地方：

□作者　□適切性　□文筆　□設計　□實用性

□其他：＿＿＿＿＿＿＿＿＿＿＿＿＿＿＿＿＿＿＿＿

購買本書地點：

□基道書樓　□基督教書店　□非基督教書店

性別：□男　□女　職業：＿＿＿＿＿＿＿＿＿＿

信仰：□基督徒　□非基督徒

年齡：□ 16 歲或以下　□ 17～25 歲　□ 26～35 歲

□ 36～55 歲　□ 56 歲或以上

學歷：□中三或以下　□中五　□預科

□大學　□研究院

□我欲更多了解基道出版社的事工及考慮支持，請寄給我下列資料：

□機構簡介　□新書資料　□基道會員通訊

□《基道文字事工通訊》

姓名：＿＿＿＿＿＿＿＿＿＿＿＿＿＿電話：＿＿＿＿＿＿＿＿

地址：＿＿＿＿＿＿＿＿＿＿＿＿＿＿＿＿＿＿＿＿＿＿＿＿＿＿

＿＿＿＿＿＿＿＿＿＿＿＿＿＿＿＿＿＿＿＿＿＿＿＿＿＿

傳真：＿＿＿＿＿＿＿＿＿＿電子郵件：＿＿＿＿＿＿＿＿＿＿

其他意見：＿＿＿＿＿＿＿＿＿＿＿＿＿＿＿＿＿＿＿＿＿＿＿

＿＿＿＿＿＿＿＿＿＿＿＿＿＿＿＿＿＿＿＿＿＿＿＿＿＿＿＿

多謝賜教！

基道出版社

意見表可以傳真（2687-0281）或直接郵寄以下地址：
香港沙田火炭坳背灣街26號富騰工業中心1011室
基道出版社編輯部收